JN000050

リテールメディア

小売り広告の新市場

RETAIL MEDIA

望月洋志
中村勇介
日経クロストレンド編集

日経BP

はじめに

小売業界、メーカーのマーケティング部門、広告業界の関係者の間では、2023年前後を境に「リテールメディア」に関する話題が急激に増えているのではないだろうか。リテールメディアとは端的に言えば、小売り発の新広告サービスだ。既存のネット広告の市場拡大に急ブレーキがかかり始めたことで、リテールメディアへの注目度が急速に高まり始めている。

急ブレーキの要因はプライバシー保護を目的とした、既存のネット広告の技術にかけられ始めている規制だ。それにより広告配信の精度や効果の低下といった課題が浮き彫りになっている。これに対して、小売企業がこれまで自社のマーケティングでしか活用してこなかった購買データを広告配信に用いたリテールメディアは、規制に左右されづらい広告配信の仕組み、広告効果の明確化など、従来のネット広告とは異なる価値を持つ。

米国ではデジタル広告市場全体の20%近くをリテールメディアが占める規模になりつつあり、もはや一過性のトレンドではなくなってきている。

リテールメディア市場の拡大は、小売業界に大きな変革をもたらす可能性がある。小売業は、顧客になるべくお買い得な価格で商品を提供することが競争優位性になるため、利益率が低くなりがちだ。一方、リテールメディアは高利益率のため、事業が軌道に乗れば小売業の収益構造の改善が期待できる。また、リテールメディアの特性から広告収益ばかりにフォーカスが当たりがちだが、それだけではない。顧客や取引先との関係をも変え得る、とても大きな小売りの変化そのものなのだ。このトレンドが日本にも訪れることは疑いようもない。

だが、日本と米国では市場を取り巻く環境が異なっている。それ故に、リテールメディアの発展方法は日米では異なりそうだ。そうであれば、その差を明らかにし、日本ならではの課題に向き合うことで、各社の取り組みの成功確率はより高まるはずだ。日本においてもリテールメディアの取り組みが普及し、小売業界の未来を照らすためにも、その特徴を深く理解し、そのうえで開発することが成功の鍵だ。

実際のところ、日本のリテールメディアはとても複雑な構造になっている。現在は小売企業が個別に開発することが多いため、取引の窓口が営業部門などに限定されがちだ。一方で、効果的に活用するうえで求められる知識は、宣伝・マーケティング部門が担当するデジタルマーケティングや広告運用に近い。

リテールメディアについて深く知るためには、小売りと広告の両方の世界を知ることがとても大切になる。広告業界からすると、小売企業のバイヤーとメーカーの営業担当が、実際にどのような商談をしているのかについて詳しい人は少ないだろう。逆に、小売業界からすると、メーカーのマーケティング担当と広告会社でどのような取引が行われているかを詳しく知る人は少ないはずだ。これまであまり交わらなかった2つの領域だからこそ、相手の立場に立って論理を理解し考えることで世界はより速く融合していく。

筆者は、これまで広告会社や食品卸会社に所属し、現在は小売企業に在籍している。これまで10年以上にわたって小売りのメディア開発に携わってきた経験を踏まえて、リテールメディアについての特徴と可能性についてなるべく分かりやすく解説したいと考え、筆を手に執った。

小売りが単体で取り組んでいても急速な市場拡大は見込みにくい。小売り、メーカー、そして両社にサービスを提供するテクノロジー企業や広告会社はそれぞれリテールメディアに取り組むうえでさまざまな課題を抱えている。その課題は構造的な課題として各社単体だけでは解決できないことも多く、まさに「情報のサプライチェーン」になっている。立場の異なるプレーヤーが力を合わせてようやく、この新しい市場を切り拓いていけるのだと信じている。

本書は、リテールメディアにこれから携わる方々のために、リテールメディアの特徴やこれまでのマーケティング方法との違い、日米の市場の違いなどについて、小売業界に従事したことがない方にも理解しやすいように事例も交えながらなるべく分かりやすく伝えることを目指した。一からこの分野に携わる方に向けた教科書として、リテールメディアのひと通りの知識と各社の取り組みをご理解いただけるはずだ。特に日本を代表するプレーヤーによるさまざまな取り組みは、これからリテールメディアに取り組もうとしている方への大きなヒントになるだろう。

２０２３年10月吉日　望月洋志

小売り広告の新市場 リテールメディア 目次

第1章

「リテールメディア」の正体

米国で急成長する小売り発の新広告市場

本書のテーマである「リテールメディア」とは、「リテール＝小売り」「メディア＝媒体」を組み合わせた造語だ。解釈の幅が広く、人によって認識は異なっているだろう。例えば、紙のチラシ、店内のＰＯＰ（販促物）、店内ポスターなど、小売りが制作する印刷物はリテールメディアに該当するのか否かは、判断が分かれるところだ。

日本でも、ＥＣサイト上の広告掲載やメールマガジンに添付したクーポンの配信など、〝リテールメディア的〟な取り組みは以前から存在する。だが、特にトレンドになるというほど話題になったことはない。ところが、２０２２年頃からリテールメディアというキーワードとともに小売りが手掛ける広告サービスが、日本でも業界専門誌を中心に話題を集め始めた。

その理由は、米国で急速にリテールメディアの市場が盛り上がってきたことに起因する。米スーパーマーケット大手のウォルマートは22年2月の決算説明会で「Walmart Connect（ウォルマートコネクト）」という広告事業の収益を開示した。ＩＲ資料を基に筆者が独自に集計したところ、21年度の広告事業の売上高は21億ドル（３１５０億円）だった。さらに、22年度の広告事業の売上高は27億ドル（４０５０億円）となっており、非常に高い成長率となっている。

こうした数字が明らかにされることで、小売りにとってリテールメディアが「収益に直結している」ことが分かった。一方、広告主であるメーカーにとっては「マーケティングの費用対効果がとても高い」という事実も開示され始めた。だからこそ、全世界的に、小売りや広告主がこぞってリテールメディアの取り組みに力を入れ始めているのである。

「リテールメディア」を定義する

だが従来から存在する紙のチラシも内容によっては、小売りに商品を卸すメーカーが費用を負担してつくっているケースがある。それを広告費と解釈するのであれば、実は昔からすでにリテールメディアは存在しているという捉え方もできる。「アプリ」や「デジタルサイネージ（店内ディスプレー）」、スマートフォンなどから取得し、各デバイスの認識に使う「広告ＩＤ」、顧客情報を収集、統合、分析するためのデータ基盤である「ＣＤＰ（カスタマー・データ・プラットフォーム）」などを筆頭に、広告配信を行う技術の進歩は、リテールメディアの範囲を広げ、より複雑にしている。

そこで、まずは本書におけるリテールメディアを定義したい。欧米でのリテールメディアとしてよく取り上げられているトレンドや昨今のリテールメディア関連のニュースは、テクノロジーを活用したデジタル広告を中心としたものが多い。そこで、本書においては次の3点を包括するサービスをリテールメディアと定義する。

（1）小売りを主体とした、顧客と接点を持つメディア、またはプラットフォーム

・小売りの店舗内のメディアに限らず、小売りまたは小売りが利用するプラットフォームを通じた顧客接点を含む。

・小売りが保有するオウンドメディアに広告を出稿できるサービスを「オンサイト広告」と呼ぶ。店内のデジタルサイネージや小売りのWebサイト、自社アプリなどが該当する。

・米アマゾン・ドット・コムや米インスタカートなどのECプラットフォームの広告サービスや、「YouTube」などの既存の広告プラットフォームと連係して広告を配信する広告サービスもリテールメディアに含まれる。この場合は、小売りが保有する購買データと広告IDを連係し、配信することが条件となる。これらのオウンドメディア以外への広告配信を「オフサイト広告」と呼ぶ。

（2）コンテンツ／広告の配信管理および検証が可能なもの

・コンテンツや広告配信に「コンテンツ配信システム」「広告配信システム」を活用しており、配信回数や利用者の広告接触回数などを把握できる媒体であること。これらができないWebサイトやアプリは、本書におけるリテールメディアの対象からはいったん除外する。

・小売りの本部から一括で配信や停止ができ、管理が可能なもの。

・「配信コンテンツ単位」での検証が可能なリポートを出せるもの。

（3）購買情報との連係は任意とする

・小売りの会員情報や、顧客ごとの購買データを把握する「ID－POS（販売時点情報管理）」システムと連係して、広告効果を検証できることが欧米のリテールメディアでは当たり前だ。だが、本書ではこの連係を必須としない。国内では多くの企業が、デジタルサイネージの設置からリテールメディアに参入することが多く、現在のマーケットの認識とは合わなくなるためだ。

詳しい事例の内容は第3章以降で解説するが、まずはリテールメディアがどのようなものか、実感を持ってもらうために、日本国内で注目を集め始めているリテールメディアの代表例として2社を紹介したい。

1社目は、コンビニエンスストアチェーンのセブン－イレブン・ジャパンだ。同社は国内で約2000万人が利用する「セブン－イレブンアプリ」を中心とした広告事業を展開し始めている。アプリは毎日の買い物に直結し、コンビニという買い物の頻度が高い業態と組み合わさって、国内でも有数のリテールメディアになっている。さらにレジでのアプリ提示率も高く、広告戦略のデータと決済情報のひも付けも可能だ。商品の移り変わりが早いコンビニでは、顧客と商品の出合いを創出する機会の拡大につながる。

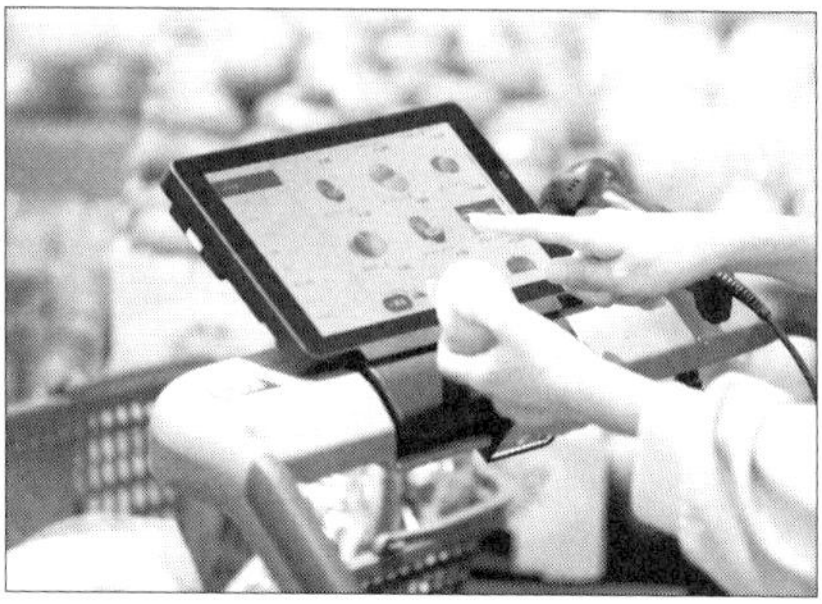

トライアルホールディングスはタブレット端末付きのショッピングカートなどを開発。店舗のデジタル化に注力し、リテールメディアの開発にも力を入れる

続いて、2社目は九州を中心にスーパーマーケットをチェーン展開するトライアルホールディングス（福岡市）だ。売上高6500億円超の小売企業で、国内に285店舗を展開している（23年6月末時点）。そのうち120店舗がスマートストアと呼ばれており、デジタルサイネージ、IoT対応の「スマートショッピングカート」、AI（人工知能）カメラなどが導入されたデジタライズされた店舗になっている。

スマートショッピングカートは、ショッピングカートにタブレット端末が附属しており、来店者自身がタブレット端末で電子マネー機能付きのポイントカードをスキャンしてから利用する。来店者はタブレット端末のカメラ機能に商品のバーコードをかざすことで、自動的に画面上に対象商品が追加される。レジの会計時に、大幅に時間を短縮することができる仕組みだ。

このスマートショッピングカートにはクーポンの配信機能もついており、会員ごとの購買データなどと連動して、表示する内容を変え、適切な情報を提供できる。その他にも店内には多数のデジタルサイネージが設置されている。これらの仕組みを商品を卸すメーカーに広告やマーケティング機能として提供しているのである。

米国で話題になっているリテールメディア関連のニュースにも、実店舗を持つ小売企業の取り組みが多く登場する。スーパーマーケット、ドラッグストア、ホームセンター、家電量販店、百貨店などの大手小売企業の取り組みのケースが多い。リテールメディアで圧倒的なシェアを占めているのはアマゾンだが、ここ最近のトレンドでは実店舗型の大手小売企業の参入が目立つようになってきた。その波が日本にも押し寄せている。

コンビニ、スーパー、家電量販など続々参入

まずは代表的な国内事例2社を紹介したが、その他にもさまざまな事例が登場している。そこで、リテールメディア開発に取り組んでいる企業を次ページの表にまとめた。

コンビニエンスストア	**セブン-イレブン・ジャパン**	リテールメディアの専門組織を設置。約2000万人が利用するアプリを軸に広告事業を展開
	ファミリーマート	デジタルサイネージ「FamilyMartVision(ファミリーマートビジョン)」を設置したファミマは4600店(23年6月末)となり、年内には1万店に達する計画
スーパーマーケット、ディスカウントストア	**イオンリテール**	スマホアプリ「イオンお買物アプリ」などを中心にリテールメディア「AEON AD(イオンアド)」を展開
	トライアルホールディングス	タブレット端末付きのスマートショッピングカートを開発。来店者の属性に合わせて、クーポンなどを出し分ける
	パン・パシフィック・インターナショナルホールディングス(ドン・キホーテ)	ファミリーマートの子会社データ・ワンと連携。ファミリマートやドン・キホーテの購買データ連係から取り組みを開始
	ユナイテッド・スーパーマーケット・ホールディングス	「ignica(イグニカ)サイネージサービス」のブランド名で、グループ横断のデジタルサイネージを活用した広告サービスを展開
家電量販店、ホームセンター	**カインズ**	カインズテクノロジーズという子会社をつくり、開発者を積極採用。システムの内製化を強化し、リテールメディア開発を視野に入れる
	ヤマダデンキ	会員数が2000万人を超えるアプリや、グーグル、ヤフーといった既存の広告プラットフォームに広告を配信できる「ヤマダデジタルAds」という広告事業を展開
ドラッグストア	**キリン堂**	21年3月にリテールメディア「K.ads(ケーアズ)」の本格展開を開始。購買データなどを活用したデジタル広告の配信を実施している
	サッポロドラッグストアー	AI(人工知能)カメラ、アプリ、サイネージなど幅広い技術を活用した広告事業の開発を推進
	ツルハホールディングス	広告技術開発ベンチャーの協力の下、「ツルハグループAds」を開発。年間1200万人が買い物をするID-POS(販売時点情報管理)データを使った広告事業を展開
	マツキヨココカラ&カンパニー	マツモトキヨシは19年にリテールメディア「Matsukiyo Ads(マツキヨアド)」を開始。広告事業の売上高は23年3月期時点で、サービス開始当初と比較して13倍の規模に拡大
EC	**アマゾンジャパン**	広告サービス「Amazon広告」ではさまざまな広告メニューを展開し、リテールメディアのプレーヤーの中では最も充実したラインアップを保有する
	楽天グループ	「楽天市場」を中心としたオンラインの購買データだけでなく、ポイントカードなどを通じてオフラインの購買データも蓄積。広告事業は急成長している

コンビニエンスストア、スーパーマーケット、ドラッグストアなど、さまざまな小売企業がリテールメディアに参入している

スーパーマーケットチェーンのイオンリテールはスマホアプリ「イオンお買物アプリ」やグループ総合アプリ「iAEON（アイイオン）」を中心にリテールメディア「AEON AD（イオンアド）」を展開。イオンお買物アプリは900万人、iAEONは500万人が利用する。

また、グループ会社のユナイテッド・スーパーマーケット・ホールディングスでは、「ignica（イグニカ）サイネージサービス」のブランド名で、グループ横断のデジタルサイネージを活用した広告サービスを展開。カスミ、マルエツ、マックスバリュ関東など合わせて約300店舗に合計2500面のサイネージを設置している。さらに「ignica SSP」というコンテンツ配信の仕組みの開発を進めているという。

次にドラッグストアだ。マツキヨココカラ&カンパニーは19年にリテールメディア「Matsukiyo Ads（マツキヨアド）」を開始。広告事業の売上高は23年3月期時点で、サービス開始当初と比較して13倍の規模になっているようだ。ツルハホールディングスは利用者が780万人を超えるアプリを中心に広告事業を展開。22年と比較して広告出稿は4倍にもなっているという。

サッポロドラッグストアーはAIカメラ、アプリ、サイネージなど幅広い技術を活用した広告事業の開発を進めている。具体的にはサイネージの効果をAIカメラで検証したり、配信内容の効果をクリエイティブ別に検証する「A／Bテスト」を実施したりするなど、売り場と連動した展開を行っている。

家電量販店では、ヤマダデンキが自社の購買データと連係して、会員数が2000万人を超えるアプリや、グーグル、ヤフーといった既存の広告プラットフォームに広告を配信できる「ヤマダデジタルAds」という広告事業を展開。さらに700店舗全店で、7000面のデジタルサイネージを設置している。

リテールメディアを展開しているのは実店舗を持つ小売りだけではない。米国ではアマゾンがリテールメディア市場で最も高いシェアを持つ。広告サービス「Amazon広告」ではさまざまな広告メニューを展開し、リテールメディアのプレーヤーの中では最も充実したラインアップを保有する。日本のMAU（月間利用者数）も約6388万人と非常に多く、日本でも同様に最大級のリテールメディア事業者である。

楽天グループもリテールメディアとしての存在感が高まっている。楽天の顧客ID数は1億を超えており、「楽天市場」を中心としたオンラインの購買データだけでなく、「楽天ポイントカード」などを通じてオフラインの購買データも蓄積している。それらの購買データなどを活用して広告配信を行う仕組みを実現している。

このように、大手小売企業が軒並みリテールメディアの領域に進出していることが分かる。特に大手小売企業は巨大な会員基盤を抱えており、それらをデジタルで統合することで広告、マーケティングの領域でメーカーとともにマーケティングをさらに進化させることができるようになってきている。

リテールメディアが従来の広告より優れている点

では、リテールメディアは従来の広告メディアと何が異なるのだろうか。まずはリテールメディアに広告を掲載する広告主の視点からいくつかその特徴を紹介したい。

リテールメディアの最大の特徴といえるのが、購買データとの連係だろう。一般的なネットメディアのディスプレー広告や動画広告などは「広告を見た」「広告をクリックした」ことはデータで精緻に分析できるものの、実際に店頭で「対象の商品を購入した」ことまでは広告データだけでは分からない。

もちろん、広告効果測定のためのツールを使い、自社で運営するECサイトでの購買であれば、購買の有無を計測できる。しかし、あくまでもそれはツールを導入できるサイトに限った話だ。そのほとんどの場合が、自社で運営するECサイトという限定された環境にとどまる。

当然、スーパーやドラッグストアの店頭など、実店舗で購入されたかどうかまで分析することは難しかった。リテールメディアにおいては、小売業者の持つ購買データと連係することで、広告接触から購買までを一気通貫で分析可能になったことが画期的なのだ。

リテールメディアの成り立ちを考えてみると当たり前だが、リテールメディアは小売業者が広告サービスと店舗運営の両方を手掛ける。そのため「メディア」と「購買チャネル（店舗）」の間に分断が起こらない。仕組みさえ整っていれば、メディアでの広告接触と、購買チャネルである店舗での商品購入のデータを、1つのデータベースに蓄積できる。これにより、「広告に接触したユーザーが購入したかどうか」が分かる仕組みが実現可能になったわけだ。

実店舗における購買の検証については、ポイントカードを使うケースが多い。発行するカードごとに個別の会員番号が割り当てられており、その個別の番号が顧客IDとなる。そのIDを軸に「いつ」「どの店で」「何を」「どれくらいの価格で」「どれくらいの数量を」買ったのかが分かるようにデータベースに蓄積されている。これを会員番号つきPOSデータと呼ぶ。POSデータと顧客IDがひも付いているため「ID－POS」とも呼ばれる。

また、たいていの場合は実店舗でポイントカードの登録をする仕組みになっており、氏名、住所、電話番号などの情報も登録されている。こうした取り組みは多くのチェーンストアで以前から行われているため、購買データの蓄積という点ではすでにリテールメディアを実現できる礎はできているのではないかと思う。

ただし、これだけでは、あくまでも店舗での購買データの分析にとどまり、広告の接触が購買に与えた影響までは分からない。そのため、このポイントカードの会員データベースとWeb、アプリ、ECサイトのショッピングカートなどと連係することで、デジタル上の行動をIDベースで蓄積する必要がある。

例えば、スマホ向けアプリなら、ポイントを還元するクーポンの配信がもっとも分かりやすい仕組みだろう。クーポンの利用歴とポイントの還元をひも付ける仕組みが、ポイントカードのIDだ。アプリにポイントカード番号を登録することで、アプリの利用者IDと実店舗の購買履歴のひも付けが可能になる。

そして、スマホ向けアプリは利用者IDとは別に、アプリがインストールされた端末に割り当てられる「広告ID」を持っている。この広告IDは「広告識別子」とも呼ばれ、端末ごとに付与される固有のIDである。このIDを使って広告配信することで、広告接触と購買データの連係が可能になり、購買データに基づく広告配信や効果検証ができるようになる。

Webサイト、ECサイトも同様だ。ネット通販、ネットスーパーのECサイトでは主にメールアドレスとパスワードで会員登録する。その段階でシステム的に顧客IDが割り当てられており、IDにひも付く形で購買履歴がデータベースに蓄積される。さらに実店舗で発行したポイントカードを、このIDと連係すれば、オンラインとオフラインの購買データを統合して蓄積できるようになる。

このような仕組みで、顧客の行動データと購買履歴を統合的に分析し、広告が購買に与えた影響を測定可能にしたのがリテールメディアの最大の特徴だ。しかも、購買履歴は長期間にわたる「顧客の買い物の歴史」そのものである。その商品・ブランドをいつから使い始めたのか、あるいは使わなくなったのか、他のブランドに移ったのか、どの広告に接触してから行動が変わったのか、といった視点でも広告効果を検証することができるようになる。単なる広告接触効果のみならず、ブランドの育成を考えているマーケティング担当者にとっては非常に有益な情報の宝庫になっているのである。

次に、これらの仕組みを使い、具体的にどう広告を配信するのかを解説したい。広告IDと購買データが連係しているということは、購買データに基づきID単位で広告配信対象者を極めて高い精度で抽出可能になることを表す。一般的なインターネット広告は、性別、年代、地域などのデモグラフィックデータでの広告配信や、サイト上のアクセス履歴による興味関心による広告配信となる。

リテールメディアでは購買データを使い、「脂肪を減らす特定保健用食品を購入している層」「低アルコール飲料を購入している顧客層」という具合に、購買データに基づき広告配信対象を抽出できる。この説明だけでも、広告を出稿する立場からすると非常に効率よく顧客化が期待できる層にアプローチできるようになることが伝わるのではなかろうか。過去に購買した商品が分かれば、競合商品の購入層に自社商品を訴求したり、対象商品のカテゴリーの未購入層にアプローチしたりできる。

しかも、広告の効果については、1度だけの購入に限らず、継続購買につながっているのかといったリピート購入やLTV（顧客生涯価値）の視点、商品単体だけではなく、ブランド全体に与えた効果など、さまざまな視点で検証できる。その点でもリテールメディアはマーケティングを大きく前進させる可能性がある。

「購買」に最も近いタイミングで消費者に広告配信

広告で接触できるタイミングも、リテールメディアならではの特徴がある。そのメディアの特性上「買い物をしている瞬間」、または「検討タイミング」など、購買に限りなく近い瞬間に広告でアプローチできる可能性を持つ。

この「お買い物モード」の差は購買の意思決定にとても大きく影響する。思い浮かべてほしい、日常生活の中でSNSやさまざまなWebサイトを見ているときに、多くの広告を目にすることだろう。だが、実際にその広告をクリックして、購入まで至ったケースはどれくらいあるだろうか。購入までいかずとも、その広告で見た商品を覚えているだろうか。

私たちは日々、多くの広告を含む情報に囲まれて生活をしており、よほどその広告の対象商品・サービスに

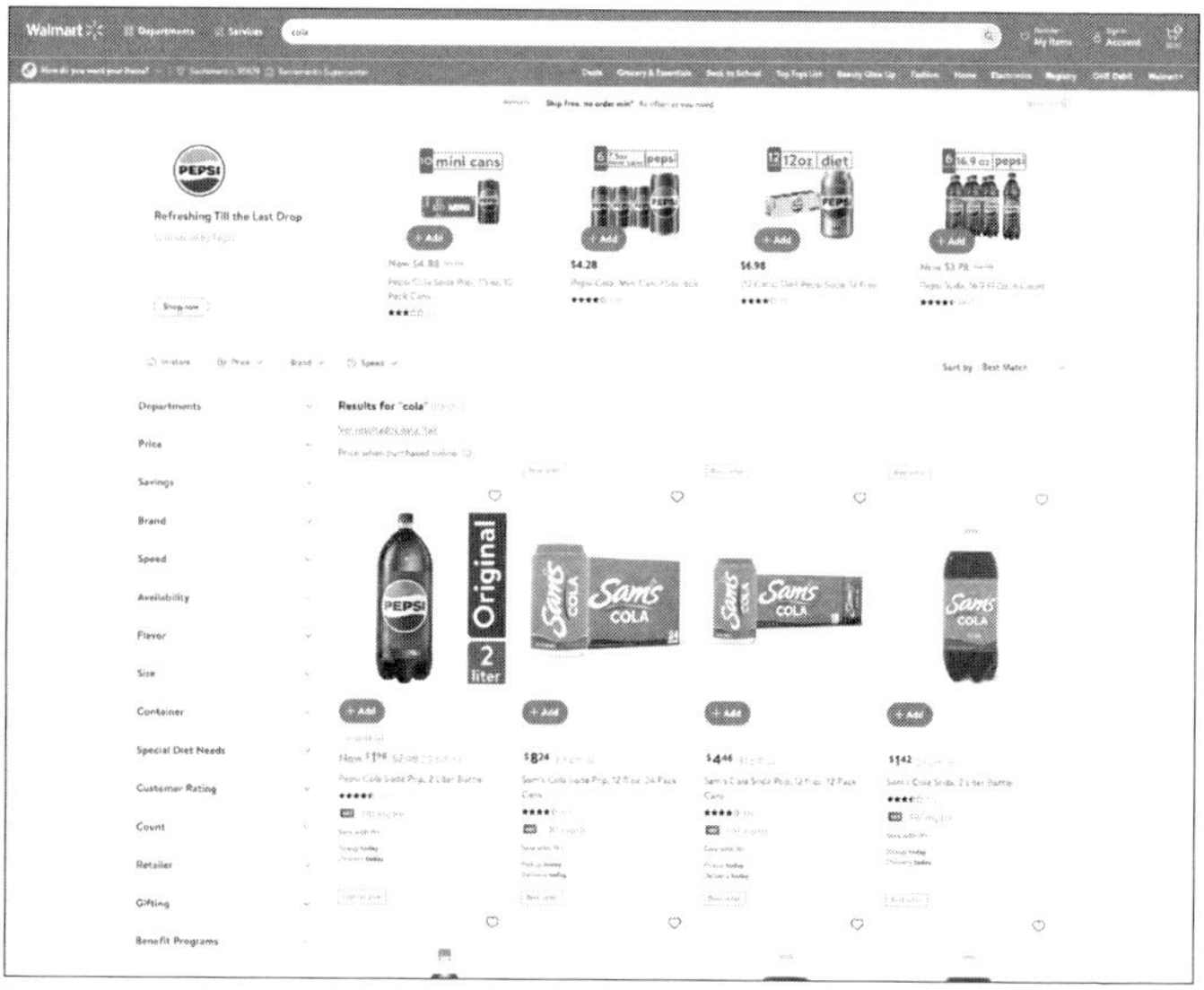

ウォルマートのECサイトで「Cola」と検索すると、米ペプシコの炭酸飲料「ペプシ」の広告が表示される

興味がなければ、一つ一つの広告について真剣に考えることは少ない。これは画面占有率の高いテレビCMですら同様だろう。だからこそ、少しでも効果が高い広告の効果を得るためにデジタル広告技術が進化してきた。

ではリテールメディアはどうだろうか。ネットスーパーやネット通販でお目当ての商品を探すにせよ、アプリでチラシを見ながら購入する商品を検討するにせよ、購入予定の商品・ブランドが決まってなかったとしても、その商品が属するカテゴリーの何かを買おうと考えている状態だ。その具体的に商品を検討している「モード」の中で、探している商品に近しい商品の広告が表示されれば、当然ながら購入の検討対象になる確率はぐっと高くなる。

例えば、右図はウォルマートのECサイトで「Cola」と検索した結果の画面だ。米ペプシコの炭酸飲料「ペプシ」の広告が検索結果の上部に表示されている。Colaを探している層に、ペプシのお買い得な広告を表示することは、一般的な広告よりも心変わりを誘発できる確率が高いことは想像に難くない。

このようにリテールメディアは「購買に限りなく近いモード」の消費者にアプローチできる、非常に貴重な瞬間であるといえる。実際、米国でもっともリテールメディアの広告として利用されているのはECサイトの「検索連動型広告」である。同じ広告を出すのであれば、より購買の検討確率が高くなる瞬間にアプローチしたいのはどの広告主も同じだ。

これはデジタル上に限った話ではない。実店舗でも購買に近い消費者にアプローチできる可能性がある。例えば、店内に設置したデジタルサイネージでは、買い物に訪れた来店者に映像を使って比較的大きな画面で商品を訴求できる。サイネージの配置位置にもよるが、画面の大きさや掲示の工夫次第では購買行動に大きな影響を与えられる。できたての揚げ物が売り場に並んだときに、店内放送と合わせてサイネージの映像で店内の来店客に知らせることで、対象商品の購買率を大幅に高めた事例もある。

スーパーやドラッグストアなどの接客を前提としない「セルフ型」の小売りでは、できる限り接客における人件費をかけないことで、商品価格を下げる、価格重視の販売戦略をとってきた。セルフ型である半面、商品の説明が十分にできない状態が長らく続いてきた。これは業態としての宿命というか、構造的にそういうものであるという前提でこれまで成り立ってきたのである。

しかしその結果、新商品が発売されたとしても、店頭では顧客に商品価値が十分に伝わらないことも多く、主に「価格」が手に取られるかどうかを左右する大きな要因となっている。付加価値が高い商品ほど、その分だけ製造コストがかかり、販売価格は高くなりがちだ。ところが、店頭でその価値が伝わらなければ、価格だけで比較され、安価な商品に客を奪われてしまう。その結果、売れ行きが悪く、棚から消えてしまうという悪循環に陥ってしまうことも多かった。

この課題に対する解決策として有効打になり得るのがリテールメディアだ。小売りの広告メディアを通じて、商品価値を正しく伝えることで、店頭の業務に新たに負担をかけることなく、顧客に買ってもらえる可能性を高められるのであれば非常に魅力的な媒体となる。

セルフ型のお店では「非計画購買」という「来店前にすべての買い物の内容を決めているわけではない」という層の比率が非常に高い傾向にある。つまり、店頭でお買い得な商品があれば、今日の献立が変わる可能性が大いにあるのだ。その中で、指名購買と同義の「買い物リスト」に入る可能性を高められるということは、広告主としてはとても重要だ。

まとめると、「購買データを基にした広告配信対象の抽出」「購買データによる効果測定」「適切なタイミングでの広告配信」「売り場と連動した新たな販促」という大きく4点が、広告主視点でのリテールメディアの利点となる。

小売りから見たリテールメディアの利点

次にリテールメディアを提供する小売企業の視点で見た利点を説明していきたい。1つ目は「高い利益率の収益源」だ。「広告事業」は「小売事業」と比較したときに高い利益率の収益源になる。マツキヨココカラは、22年3月期決算説明資料において「NB広告配信事業」の営業利益率が64％であることを開示している。なお、大手ドラッグストアの営業利益率の平均は4％前後。マツキヨココカラの営業利益率は企業全体で6・5％のため業界平均よりは高いものの、広告事業は比較にならないぐらい営業利益率が高いのである。

なお、この高い利益率についてはウォルマートが「今後5年以内に、小売事業の利益を広告事業の利益が追い抜くだろう」と予測している。このことからも、小売企業にとってリテールメディアは収益性が高い重要な事業であることが分かる。ウォルマートの22年の決算では、広告事業が総売上高全体に占める割合は0・5％にも満たない規模だが、総利益ではなんと5％を超えている。これが前年比で約2倍になっているというのだから、いずれは小売業の営業利益を追い抜くだろうという予測も現実味を帯びてくる。

「広告事業」と「小売事業」は収益構造が全く異なることがその理由。小売事業は、できる限りお買い得な価格で顧客に商品を提供するBtoC（消費者向け）の事業モデルだ。商品価格に利益を上乗せすると商品価格が上がってしまうため、顧客が離反する可能性が高い。そのため、利益を高めるために価格を上げるという選択肢は取りづらい構造になっている。

対して、広告事業は企業に対して広告、マーケティングサービスを提供するBtoB（企業向け）の事業モデルである。小売事業と性質が異なり、取引当たりの広告単価や利益が高い傾向にある。広告に詳しい専門人材の採用やリテールメディア開発への投資はそれなりに必要になるが、店舗の運営などにも人員が必要な小売事業ほど人手が必要ではないことも利益率を押し上げる要因となっている。一方で、当たり前ではあるが、広告枠が売れなければ収益にならない。そのため、メーカーから選ばれる広告媒体になることが非常に重要になってくる。

その点で、小売企業は購買データという既存の広告プラットフォームにはない新しい価値を持つ広告サービスを開発し、広告主に提供することで、より高い利益率の収益源をつくれる可能性がある。もともとメーカーはテレビCMを中心に多額の広告、マーケティング費用を投下している。メーカーにとってもより効果の高い広告、マーケティング施策であれば、その活用費用を小売企業に支払うことはとても合理的なのである。

そもそも小売企業とメーカーは一緒に商品を顧客に提供するパートナー関係にある。リテールメディアが広がれば、広告、マーケティングの領域においてもより強固なパートナーシップが組めるのだ。従来から、メーカー協賛による特別版の折込チラシやポイントを活用した販売促進策などを筆頭に、販促領域においては比較的多くの取り組みが行われてきた。これを広告、マーケティングの領域にまで広げることで、顧客に商品価値をさらにしっかりと伝えることができ、売り上げ増加に貢献できるようになる。

小売企業は顧客に商品を販売する立場のため、メーカーよりも顧客との接点が近い。しかし、商品そのものやブランド、あるいはその商品が属するカテゴリーについては、メーカーのほうが詳しく、顧客のニーズを深く理解していることが多い。顧客の変化を小売企業とメーカーが共同で実施するマーケティングによってうまくつかむことで、今までできなかった次元でのマーケティングが可能になることが期待できる。特に購買データを活用したテスト販売、テストマーケティングや商品開発へのフィードバックなどはその最たるものだろう。

ただし、広告事業の利益率については「オンサイト広告（自社メディア）」と「オフサイト広告（外部メディア）」の構造を正しく理解しないと誤解を生むため、注意が必要だ。広告事業では原則、媒体運営側に広告費が大きく配分される。自社のECサイト、アプリ、デジタルサイネージなどに広告を掲載するオンサイトの広告は高利益率で、70％から最大で90％にもなる。一方、システム連係して、グーグルやヤフーといった外部の広告プラットフォームに広告を掲載するオフサイト広告は、媒体運営が第三者になるため小売企業への広告費の配分が少なくなり利益率が下がる。このケースでは媒体費ではなく「データ費用」が小売企業の収益となる。

ボストンコンサルティンググループ（BCG）の調査では、オフサイト広告において、小売りが得られる手数料を20～40％程度としている。ただ、日本の場合、データ費用は広告配信費用の10％程度ともいわれており、利益率が非常に低い。

ではオンサイト広告を中心に開発すればいいかというと、一概にそうではないところがまた悩ましい。オンサイト広告は広告在庫が潤沢にないと、広告としての効果が少なくなってしまう。ところが、小売りのアプリや自社サイトは訪問者数が十分ではないケースが多い。例えば、月間100万アクセス程度のメディアでは、広告主から見て広告を出す対象にはなりにくい。

そのため、小売企業はオンサイト広告とオフサイト広告を上手に組み合わせてマーケティングの効果を創出することが重要になってくる。したがって、小売企業の立場からは、オンサイト広告の戦略によって収益性が大きく左右されるのだ。

米国小売りの企業のリテールメディア急成長の大きな理由は、技術進歩による広告配信の進化によるものだ。「アマゾン・ウェブ・サービス（AWS）」や「グーグル・クラウド・プラットフォーム（GCP）」をはじめとして、ビッグデータを扱うデータ基盤や広告配信基盤が進化し、性能やコスト面、使い勝手の良さが劇的に進化したことが大きいだろう。マーケティングテクノロジーの進化やデータ基盤の進化、価格の低下により、これまでできなかったレベルでデータの蓄積や運用が可能になった。さらに技術の進化と同時にそれらを扱う開発者が増えてきたことも大きな理由といえるのではないだろうか。

もともと小売企業では毎日大量の顧客の購買データが集まっている。以前であればこれを分析するだけで一苦労だったのだが、今では膨大なデータであっても数十秒～数分程度でデータ処理が完了する。さらには、個人情報を安全に管理しながらも必要なマーケティングデータを適切にパートナー企業と連係してマーケティングに活用する、プライバシーに配慮した仕組みも次々と開発されている。

米国の大手小売企業は以前からテクノロジー領域への投資にとても積極的だった。ウォルマートの17年の設備投資の金額は79億2000万ドル（約1兆1800億円）だが、このうちECとIT関連が52・5％を占める。米アルファベットやアマゾンに次ぐ米国3位のIT投資会社だ。なお、22年度の設備投資の金額は106億1000万ドル（約1兆5900億円）であり、そのうちのECとIT関連が67・8％を占めている。これは22年度の売上高のうち約1・2％に当たり、ECとITへの投資がさらに加速していることがうかがえる。

投資の結果、Webサイト、アプリ、店内のサイネージなどを始めとして、顧客の購買体験が大幅に改善された。例えば、アプリから事前に注文しておけば、店内で受け取っても自宅に配達しても購買体験は変わらない。

米国の小売企業のスマホアプリはいずれも評価が非常に高い。満足度の高いサービスを提供することで、リテールメディアとしての価値を高めている

実店舗とWebの境目がなくなり、好きな場所、好きな時間に購買できるサービスになった。

購買体験の改善を継続的に行うことで、満足度を高めていることが米国小売企業のアプリの評価につながっている。顧客の満足度が高い状態だからこそ、利用者数も増え、利用頻度が上がり、リテールメディアとしての価値がより高くなるのだ。

ウォルマートは消費者向けのサービスと並行して、広告配信の仕組みにも投資する。21年1月末には米国の広告配信プラットフォーム企業の大手であるザ・トレード・デスクとパートナーシップを組んで広告配信サービスを提供している。また、ID-POSデータをはじめとして、広告配信の効果を管理画面で可視化するシステムも開発しており、広告主はその管理画面を確認しながら広告キャンペーンを実施できる。小売企業が開発する仕組みにもかかわらず、一般的なインターネット広告と同等の機能を有している。「米国でトップ10に入る広告プラットフォームになる」という宣言も、説得力を帯びてきた。

広告領域のプライバシー保護強化が追い風に

もう1つ、リテールメディアの追い風になっているのが「脱クッキー」というトレンドだ。米アップルはスマホ「iPhone」の広告で、「プライバシーを守って大切な個人情報をガードします」というメッセージを訴えかけている。それぐらい、プライバシーの扱いが世界中で厳しくなりつつある。この流れを汲んで、アップルやグーグルは「サード・パーティー・クッキー」と呼ばれるファイルをブラウザー側で取得しづらくしている。サード・パーティー・クッキーは従来のネット広告配信の根幹ともいえる仕組みだ。そのクッキーが使えなくなることで、広告配信の精度が低下し、費用対効果が悪化する可能性が高い。

そのため、クッキーに頼らない広告配信の仕組みが広告主からは求められている。そこに登場した新しい広告配信の仕組みが、リテールメディアというわけだ。すでに説明した通り、リテールメディアでは購買データと連係した顧客IDを軸に広告配信を実施するため、クッキーを使う必要がない。

また、よりプライバシーへの配慮も進む。ウォルマートのWebサイトでは、利用者がいつでも自分の情報を遮断する「オプトアウト」ができるようになっている。小売企業における広告事業の説明でも「ユーザーのプライバシーを適切に守りながら広告配信を行っていく」という説明が頻繁に登場するなど、データの取り扱いについてはかなり慎重に取り組んでいることが分かる。誰もが自分の日常の買い物でどんな商品を購入しているのかという中身は知られたくないだろう。顧客の購買データをすべて把握しているリテールメディアにおいては、プライバシーを考慮し、慎重に進めることも重要だ。

リテールメディアの支援事業市場も急拡大

リテールメディアはさまざまな技術を組み合わせて開発されており、それらの技術や機能を提供するプレーヤーとともに市場が急拡大している。米国ではリテールメディア関連のサービスを提供している企業はすでに130社以上あり、その領域は多岐にわたる。米国ではそれらのサービスを活用してリテールメディアが1つの巨大マーケットとして拡大し続けており、大きなエコシステムとなっている。

国内でも新たな広告市場を支援する企業が増加しており、新たなエコシステムの構築が進む。主な支援会社

ポイントカード・決済	NTTドコモ(d払い／dポイント)
	カルチュア・コンビニエンス・クラブ(Tポイント)
	PayPay
デジタルサイネージ	エブリー(DELISH KITCHEN)
	MADS
	リテイルメディア(旧CookpadTV)
広告配信技術	アドインテ
	unerry
	グーグル
	クリテオ
アプリ開発・運営	サイバーエージェント
	D&Sソリューションズ
広告代理店	サイバーエージェント
	電通／電通デジタル
	博報堂／博報堂DYメディアパートナーズ

広告配信技術の専門会社から、大手広告代理店まで、リテールメディア開発の支援事業も活発化している

を上表にまとめた。

リテールメディア開発を支援するプレーヤーも得意領域はさまざまだ。「ポイントカード・決済」カテゴリーの中で最も歴史が古い一社は、小売業横断のポイントサービス「Tポイント」を展開するカルチュア・コンビニエンス・クラブ（CCC）ではないだろうか。Tポイントは共通ポイントの仕組みではあるが、ポイントカードのIDとデジタル上のIDを連係したサービスも展開している。会員基盤は7000万人もの規模となっており、そのうちデジタルでIDが連係されている会員は4000万人となっている。この会員に向けて外部広告プラットフォームを通じた広告配信を可能にしている。

さらに、効果検証も購買データで可能にしている。CCCは24年に三井住友カードのポイントプログラム「Vポイント」と統合し、「新しいVポイント」とすることを発表している。今後、新たにクレジットカードの決済情報も広告配信に活用できる可能性はある。

決済系のリテールメディアとして今後存在感が増す可能性が高いのがQRコードを活用した決済サービス「コード決済」だ。代表的なサービスは「PayPay」や「d払い／dポイント」が挙げられる。コード決済は、大手から中小まで幅広く小売企業に導入されており、定期的に大型キャンペーンのような形でポイント還元の施策を行っている。例えば、花王がPayPayで実施したキャンペーンでは、対象の花王商品を買うと、購買金額の30％がポイントとして還元されるというとてもお買い得な内容だった。将来的にはリテールメディアのプラットフォームの有力候補になるだろう。

「デジタルサイネージ」では、アドインテ（京都市）、エブリー（東京・港）、リテイルメディア（東京・文京）といったプレーヤーがひしめき合っている。アドインテは「BRAND LOOP Ads（ブランド・ループ・アド）」というサービスを展開しており、アプリやアドネットワーク、デジタルサイネージに広告を配信できる機能を小売企業に提供する。これを活用し、埼玉を中心に店舗を展開するスーパーのベルクでは「ベルクAds」、マックスバリュ西日本では「マックスバリュ西日本Ａｄｓ」を展開。ドラッグストアではツルハホールディングスと「ツルハグループＡｄｓ」を展開している。

レシピ動画サービス「DELISH KITCHEN（デリッシュキッチン）」を展開するエブリーは、小売企業の店舗内サイネージを拡大しており、現在では２３００店舗以上に約７０００台が導入されている。サイネージの月間視聴者数は３１００万人だという。デジタルサイネージは不特定多数に閲覧されるため、ＩＤ－ＰＯＳと視聴者を突合できないため厳密な効果検証はしづらいものの、配信期間中や配信期間前後での併売リフト値などのリポーティングを行っている。

日本のリテールメディアでは、「広告配信技術」に関連するプレーヤーが最も多いのではないだろうか。位置情報を活用したｕｎｅｒｒｙ（ウネリー、東京・港）や、アドインテ、主にドラッグストアの広告配信を行っているフェズ（東京・千代田）など、さまざまなプレーヤーがこの領域に進出し始めている。

仏広告配信プラットフォームの大手であるクリテオもリテールメディア開発支援に力を入れている。海外では米大手ディスカウントストアのターゲット、米大手ドラッグストアのウォルグリーン、米家電量販大手のベスト・バイなど、多くの小売企業がクリテオの配信システムを採用している。クリテオはもともとデータを基にした追跡型の広告として進化してきた背景がある。その歴史があるため、とりわけEC広告に強い。同社のようなプレーヤーが、オフラインの小売りが展開するリテールメディアの領域に参入してきたという点はとても興味深い。

デジタル広告配信の市場拡大とともに、購買データの掛け合わせが可能になることで、単なる広告配信にとどまらないマーケットが急激に拡大しつつあることからも、こぞって参入する理由としては納得だ。それぞれのプレーヤーは出自がそれぞれ特徴があり、各社の攻め方はユニークだ。

小売企業の「アプリ開発・運営」を請け負いつつ、リテールメディアをそのプラットフォーム上で展開している企業もある。代表的なプレイヤーには食品卸大手の日本アクセス（東京・品川）子会社のD&Sソリューションズ（東京・品川）やサイバーエージェントなどが挙げられる。D&Sソリューションズは、LINE上で動作するアプリ開発のプラットフォームを提供しており、食品スーパーに特化したリテールメディアという独特なポジションを取っている。すでに10社を超える小売企業にLINEミニアプリが導入されており、メーカーとのマーケティングも数多く展開してきた。

サイバーエージェントはサッポロドラッグストアーのアプリ開発を請け負っている。ドラッグストアのアプリとしては後発で22年1月の提供開始だが、23年6月時点でダウンロード件数は40万と好調だ。特徴的なのはアプリ配信サービスにおける評価の高さで、4・5点という高評価を得ている。

最後は広告商品を売る立場である「広告代理店」だ。大手広告代理店もリテールメディア領域に力を入れ始めている。

電通グループはセブン-イレブン・ジャパンのリテールメディア推進部発足前から、リテールメディアに関する事業構想やセブン-イレブンアプリ内での広告配信の実験など、セブン-イレブン・ジャパン独自のリテールメディアの推進をサポートしてきた。その他にもECの技術に強みのある海外広告配信会社や、前述のフェズと提携。また、グループ会社のCARTA HOLDINGS（カルタホールディングス）子会社のｆｌｕｃｔ（東京・渋谷）では、小売企業のオウンドメディアにおける広告配信を管理する「リテールアドマネージャー」を開発し、リテールメディアの領域への支援を強化している。

博報堂は23年4月にグループ横断型のリテールメディア支援プロジェクト「リテールメディアONE」を発足させた。リテールメディアに特化した総合窓口として、リテールメディアを開発する小売企業、出稿主であるメーカーなどの双方にサービスを提供している。これは現状のリテールメディアの課題に対する取り組みだ。現状、国内のリテールメディアの多くは小売業者ごとに開発されており、分断が起こっている。出稿主であるメーカーからすると、まとめて広告キャンペーンを展開したいという要望がある。そこで、博報堂のリテールメディアONEが窓口として複数のリテールメディアへの出稿を一手に引き受けている。

第2章では先行する米国と日本の市場の違いなどを解説していく。同じリテールメディアでも現状はサービスの性質が大きく異なる。このことが、市場規模の差となって表れている。日本のリテールメディアは米国のように成長できるのか。比較しながら検証していこう。

第2章

日米の市場の違いを徹底比較

ウォルマートやAmazonの広告事業はなぜ急伸

世界ではリテールメディア市場が急速に拡大しており、２０２８年までにテレビ広告を超えると予測されている。世界最大級のメディアエージェンシーの英グループエムは23年6月12日にリテールメディアに関するリポートを公表。23年のリテールメディアからの広告収入は９・９％増加して約１２６０億ドル（約18兆９０００億円）に達する見込みだ。さらに、28年にはテレビ収入を超え、総広告収入の15・４％を占めると予想する。

最も規模が大きい米国リテールメディア市場は23年に４５１億５０００万ドル（約6兆８０００億円）となり、27年までには１０６１億２０００万ドル（約15兆９０００億円）に達すると予想されている。今後4年間でさらに2倍以上の成長が見込まれているということから、この領域がますます盛り上がることがうかがえる。なお、27年末までには、米国のデジタル広告の25％以上を占めると予測されている。

米国市場で最大のプレーヤーが米アマゾン・ドット・コムだ。23年のリテールメディアのデジタル広告費のうち、なんと75％を同社が占める。米国のリテールメディアの売り上げはインターネット広告が大半を占め、月間2億２０００万人が利用するECサイト「Amazon.com」を運営するアマゾンがリテールメディアにおいても圧倒的な存在感を示している。なお、22年のアマゾンの広告事業の売り上げは約３７７億ドル（約5兆７０００億円）で、アマゾンの総売上高の7・5％を占める収益の柱になっている。

アマゾンの対抗馬が米ウォルマートだ。同社のWebサイトの月間利用者数は約1億3000万人となっている。アマゾンほどの規模ではないにせよ、月間利用者数が日本の人口よりも多い規模というのは驚きである。米国だけで4700を超える店舗があり、米国での売上高は4205億ドル（約63兆750億円）となっている。

ウォルマートの広告事業である「Walmart Connect（ウォルマートコネクト）」の売上高は27億ドル（約4050億円）を超えている。現時点では総売上高に占める割合はわずか0・44％に過ぎないが、第1章でも紹介した通り、広告事業が総利益に占める割合は5％を超えている。

ウォルマートに続くのが、米大手スーパーのターゲットだ。同社は「Roundel（ラウンデル）」という広告メディア部門を保有する。21年には10億ドル（約1500億円）の広告収益だったが、今後数年で20億ドル（約3000億円）超に成長する見込みだ。

米スーパーチェーンのクローガーもリテールメディアに注力している。15年にID－POSデータ分析の英ダンハンビーの子会社のダンハンビーUSAを買収。17年に、Webサイトやアプリにデジタル広告を配信する広告サービス「Kroger Precision Marketing（クローガー・プレシジョン・マーケティング）」を立ち上げた。ウォルマートやターゲットほどの規模ではないが、2000以上のブランドと広告部門を通じて取引していることを明らかにするなど、広告部門の成長が収益に大きく貢献している。

なおクローガーは、米スーパーチェーンのアルバートソンズと合併を進めており、この合併が実現したあかつきには、全国約８５００万世帯という大きな顧客層にリーチできる巨大なリテールメディアが完成することになる。クローガーとアルバートソンズの新会社は４９９６の店舗を持ち、全米の食料品支出の15・６％を占めることになる。これは20・９％の市場シェアを持つウォルマートに次ぐ規模となる。

日米市場に技術投資や人材で7つの違い

日本においてもリテールメディア市場は急速に拡大している。電通グループのCARTA HOLDINGSが、22年９月に公開したリテールメディア広告市場調査では、21年に90億円だった日本のリテールメディア広告市場は、26年には８０５億円まで拡大すると予測している。

とはいえ、まだ発展途上だ。電通が23年に発表した日本の広告費のうち、22年度のインターネット広告が３兆９１２億円。内訳は必ずしも米国と同一ではないため、単純比較はできないが、インターネット広告に占めるリテールメディアの割合は０・４３％で、１３５億円となっている。15％前後の割合という米国と比較すると日本のリテールメディアは１％にも満たない比率となっており、まだまだ市場は立ち上がったばかりだといえるだろう。

日本は市場が立ち上がったばかりだが、これは時間がたてば解決する差なのだろうか。実は日米ではリテールメディア市場において、前提条件が大きく異なる。これを正しく認識することで、よりリテールメディアの取り組みの成功確率が高くなるだろう。

小売業界における日本と米国との違いとして特徴的なものは次の7項目となる。1つずつ解説していこう。

(1) 小売企業の規模
(2) 小売企業の市場占有率
(3) 購買に直結する環境か否か
(4) テクノロジーの理解と投資
(5) 小売業界の人材の流動性
(6) インターネット広告の広告単価
(7) 広告主であるメーカーの組織構造

1つ目の日米の差は「小売企業の規模」だ。本書ではリテールメディアを「デジタルによるネットワーク配

	日本	米国
小売企業の規模	国内1位のイオンリテールの売上高は約1兆7500億円	米国1位のウォルマートの売上高は約79兆円
小売企業の市場占有率	GMSのシェアが大手4社で63.3%	ハイパーマーケットのシェアが大手4社で98.8%
テクノロジー	SIerのサポートが手厚く、開発を外注。テクノロジーの理解者が経営者に不足	テクノロジーに巨額を投資し、開発を内製化。経営側に専門家を採用
小売企業の人材流動性	メディア事業や広告代理店などからの採用が少なく、業界内での転職が中心	グーグルやアマゾンなどから積極的に人材を採用。リテールメディアの責任者に抜擢
インターネット広告の広告単価	グーグル広告のCPMは平均0.28ドル	グーグル広告のCPMは平均0.68ドル
メーカーの組織構造	営業部門と宣伝部門で広告予算や人材が別々。リテールメディアの管轄に分断	ブランドをマネジメントする部門や担当者がマーケティングを統括

日米では小売企業の市場占有率やインターネット広告の広告単価などさまざまな違いがある

信」を前提条件と定義した。したがって、メディア事業の収益は広告を表示する回数に比例しやすい。広告をより多く表示できるPV（ページビュー）数や、その元になる利用者数が多いほど、収益を拡大させやすいのだ。

従来の小売業の規模は、店舗数や商圏の広さで決まっていた。それがデジタルの普及によって条件が大きく変わった。店舗数がどれほど多く、商圏が広かったとしても、ネット通販などのデジタルサービスを展開していなかったり、利用者数が少なかったりすると、結果としてデジタル上の広告枠は増えない。店舗数が多く、商圏が広く、かつデジタルサービスに投資している小売企業がリテールメディアの構築に有利なのだ。

広告配信対象者の規模が、リテールメディアの収益を獲得するにあたってとても重要な要素となる。そして、広告を配信する顧客の数を増やすためには、Webサイト、アプリ、デジタルサイネージ、タブレット端末付きショッピングカートなど、デジタル技術を活用した顧客接点の拡大に投資が必須だ。

なお、米国においてもリテールメディアに関するニュースの大半は、大きな市場シェアを持っている企業に集中している。それだけの規模があるからこそ広告収益も多く得ているということだが、逆に規模が小さい食品小売企業のリテールメディアの成功事例はあまり見当たらない。

また、多くの利用者とアクセス数を抱える既存の広告プラットフォームと比較して、アクセス数が小さいメディアは広告主や広告代理店にとって扱う優先順位が下がる。手間がかかる割に大きな効果が期待しづらいため、マーケティング施策を検討するにあたって選択肢に挙がりづらいのだ。

日本の小売企業はローカルチェーンが強い傾向にある。1000億円を超える小売企業はそう多くはない。売り上げ規模が小さい小売企業は、リテールメディアで収益を獲得するためには、米国とは異なる工夫が必要になるだろう。

米国では大企業が市場を寡占している状態

2つ目は「小売企業の市場占有率」だ。アメリカの食品小売りは大手企業による市場占有率がとても高い。ハイパーマーケット（大型スーパー）では上位4社で98・8％と大半のシェアを占める。また、スーパーマーケットでも上位7社で51・7％のシェアとなっている。一方の日本では、米国のハイパーマーケットに当たるGMS（総合スーパー）の上位4社が占めるシェアは63・3％となっており、スーパーマーケットでは上位7社で21・1％となっている。日本は米国ほど寡占状態ではなく、各地域に根付いたスーパーがひしめき合っている状態だ。これによりマーケットにおける主導権が日米で異なりそうだ。

米国の食品メーカーは大手小売りに商品を扱ってもらえなければ売り上げが伸びにくい。そのため、メーカーはその小売企業が提供するリテールメディアに広告を出稿する動機が強い。メーカーがリテールメディアにかける予算を上位の小売企業に配分することになるため、小売企業1社に当てられる広告予算はかなりの金額となる。また、小売企業も競合が少ないため、広告単価を上げやすい小売り主導の広告市場になっている。

もちろんそれだけの広告配信ボリュームがあることや、十分な広告効果が見込めることが前提ではあるが、これが日米のリテールメディアにおける「広告単価」の差として表れている要因の1つだ。米国では広告単価

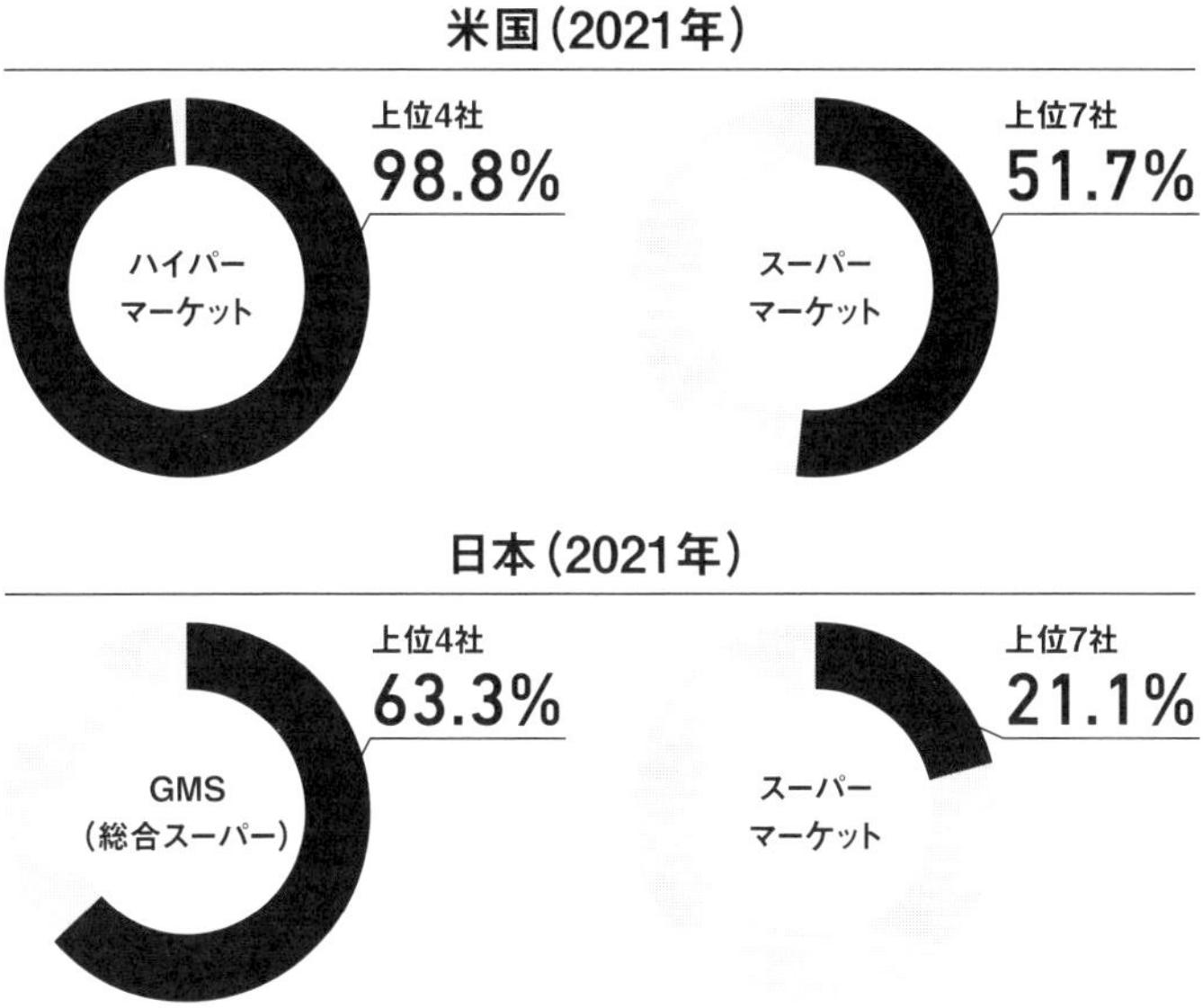

日米では大手企業による市場占有率に大きな差がある

の基準となるCPM（広告表示1000回当たりの広告費用）がリテールメディアでは高い傾向にあり、ウォルマートではCPMが40ドル（約6000円）ともいわれている。

日本のリテールメディアでCPM型の配信をしている企業は現状では少ないため、単純な比較はできないが、これはかなり強気な価格設定だ。ただ、この強気な価格設定をしてでも、「効果が高いため予算をさらに増加する」と回答するメーカーが多いことがリテールメディアの持つ可能性の大きさともいえるだろう。

対して、日本では、大手企業による寡占状態ではないため、メーカーは中規模以下の小売りに数多く扱ってもらえれば一定の事業規模が見込めることになる。リテールメディアの広告予算も複数の小売企業に分散する可能性が高く、小売企業1社当たりに割り当てる広告予算が米国より少なくなる。そのため、小売企業にとってリテールメディアの価格決定権や主導権が米国と比較してやや弱くなり、広告単価を上げにくい状況になっている。もちろん、リテールメディアの規模の差や、システムとしての完成度不足、日米における広告単価の差なども広告単価を上げにくい原因でもある。

日本では実店舗小売りのデジタルチャネルが未発達

そして、3つ目が「購買に直結する環境か否か」だ。米国ではアマゾンを筆頭に、ウォルマートなどの実店舗型小売りのリテールメディアでも、主戦場はオンラインストアだ。米国ではネットで注文し、店舗での受け取りや返品、事前の在庫の確認、購入前のレビューの閲覧など、購買という行為に対する多種多様なサポートがオンラインストア上に整備されている。単なるEC機能だけではなく、購買プロセスの全体をサポートしている。小売企業は商売の性質として、顧客に商品を買ってもらうことがゴールのビジネスモデルだ。顧客がより買い物しやすい体験をオンライン、オフラインを問わずに実現している。

また、受け取る場所を問わずにオンラインで注文するという購買行動が消費者に根付いているということは、

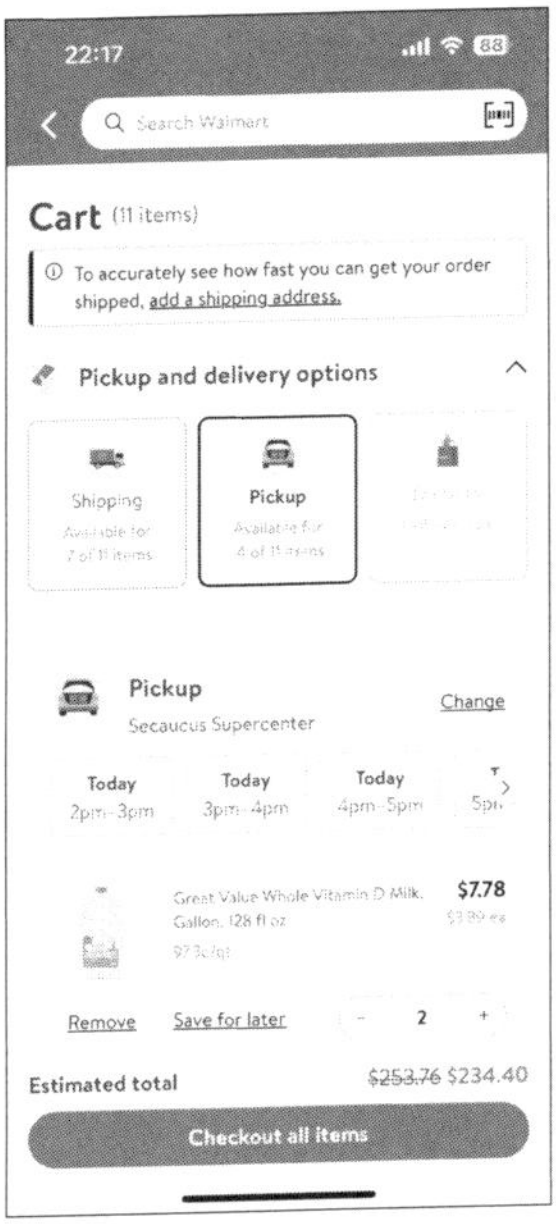

ウォルマートのアプリから複数の商品をカートにいれた状態の画面。配送、店舗受け取りなどの項目がある

広告を配信したときにも、オンオフ問わずにどちらでの買い物にも直結するということになる。これがリテールメディアではとても重要な要素となる。だからこそ、売り上げを拡大したいメーカーはリテールメディアという新しいマーケティングが実現できる取り組みに積極的なのだ。

一方、日本の小売企業のWebサイトは主に店舗情報などを閲覧できる「情報サイト・コーポレートサイト」であることがほとんどだ。日本の消費者が小売企業のWebサイトに訪問する大半の理由は、店舗検索かデジタルチラシを見に行くことであり、米国ほどEC機能が発達していない。

リテールメディアの効果の範囲をできるだけ広い購買範囲に適応させている、ということはメーカーにとって前向きに取り組みたくなる重要な要素だ。小売企業が用意する、検索連動型広告やディスプレー広告など、さまざまな広告フォーマットがここで機能してくる。メーカーはどの広告枠に出稿することが最も購買に購買するのか気になってくる。結局リテールメディアは売り上げが上がらないとメーカーとしては広告を出稿しづらい。

米国小売企業がテクノロジーに積極投資できる理由

4つ目は「テクノロジーの理解と投資」だ。リテールメディアは広告技術の開発やデータの活用が重要であることを考慮すると、テクノロジーへの投資が必須であることは明らかだ。海外のリテールメディアでは、大半の事業に広告技術（アドテクノロジー）の専門会社がパートナーとして関わっている。アドテクなしではきちんとしたリテールメディアの運営は難しい。

ウォルマートはグーグルの親会社である米アルファベットやアマゾン並みにITに投資をしている。ここ数年は新型コロナウイルス禍の影響などもあるかもしれないが、新規出店への投資を減らし、IT投資を大幅に増やしている。

17年には、ターゲットのCEO（最高経営責任者）であるブライアン・コーネル氏が、今後3年で70億ドル（約1兆円）のIT投資をすると宣言した。当時のターゲットの売上高が700億ドルであることを考慮すると、売上高に占めるIT投資の比率がいかに高いかが分かる。テクノロジーを理解している米国の小売企業の経営者は、経営戦略としてIT投資が重要な要素だと捉えているのだ。

また、米国では小売企業が開発者を抱えシステムを内製化する傾向にある。リテールメディアの取り組みにあたっては米国の先進企業に学ぶことがとても多い。

ターゲットは15年頃までシステム開発の外部委託比率が70％を超えていた。しかし、13年のクレジットカード不正アクセス事件をきっかけに、英小売り大手テスコのCIO（最高情報責任者）を務めていたマイク・マクナマラ氏をCIOとして招聘。システム開発の内製化を推進したことで、内製化比率は70％以上にまで高まり、21年時点ではIT従業員4000人のうち約8割を開発者が占めるようになった。この変化にかかった期間は、わずか6年である。6年の期間でここまで変化することができたのは、経営側と現場の変革への強い意志の結果だろう。

また、また、ウォルマートは22年時点でトロントとアトランタに開発拠点を構築し、新たに5000人の開発者を雇用する計画を発表している。現時点でも2万人が所属するチームに、さらに5000人の採用は非常に積極的だ。特にサイバーセキュリティーの専門家、ソフトウエアエンジニア、データサイエンティスト、データエンジニア、技術プログラムマネジャー、プロダクトマネジャーの採用に強い関心を持っている。

ただし、米国においてもエンジニアやテクノロジーに明るい経営幹部の育成は難しい課題だ。そこで、育成するのではなくＩＴ企業を買収する判断を取ることもある。ウォルマートは11年に検索エンジンの提供とデータ分析を行う米コスミックを、16年にはＥＣ企業の米ジェット・ドット・コムを買収した。その後、ジェットのＣＥＯだったマーク・ロアー氏は、ＥＣ事業の責任者として、「ウォルマート・ドット・コム」とジェットの両ブランドを統括、ウォルマートのエグゼクティブ・バイス・プレジデントに就任した。ウォルマートで米国のＥＣ部門の社長兼ＣＥＯを務め、21年の退任までウォルマートのデジタル化に尽力した。

日本企業はリテールテック企業との協業が最適解

米国の小売企業が積極的にＩＴ投資ができるのは、単純に企業規模が大きいからだ。ＩＴ投資の効果は小売企業の規模に大きく影響を受ける。小売りにとって必要なシステムを開発するコストは店舗数に対してほとんど変わらないため、規模の大きい小売企業ほど投資対効果が大きく、１店舗当たりのシステムコストが小さくなる。そのため規模の大きい企業がテクノロジー投資の面では有利になっていく。

日本ではローカルチェーンが多いため、企業規模が小さい企業はＩＴに多額を投資することは難しい。また、日本ではＳＩer（システムインテグレーター）のサポート体制が手厚いため、これまでシステム開発は外部に委託することが多かった。一般的に人事異動が多い小売企業では、ITなどの専門家の育成が難しい。社内ではなく外部パートナーにノウハウをためて、継続した取引をすることで、細かい引き継ぎを気にすることなく効率よく業務を回せていたともいえる。裏を返せば、社内にITのノウハウが大幅に不足しているのだ。

では、リテールメディア参入の余地はないのかと言われればそうではない。リテールテック領域のパートナー企業と組むことが最も現実的な解となっていくだろう。ただし、パートナー企業と組むにしても最低でも数年単位の取り組みになることが予想される。パートナー選択を誤ると致命的なため、自社との相性を含めてパートナーを選定できる知見が社内に必要になってくる。仕組みの妥当性や費用も含めて正しい経営判断をできる知識が必要になるだろう。

また、開発を加速させるITチームの内製化のメリットとデメリットは表裏一体だ。内製化できるチームをつくることができれば、一般的には開発コストの大幅な削減と開発速度の向上というメリットが生まれやすい。ただし、一定規模の開発組織が必要となり、小売企業にとってはカルチャーが異なる存在を組織内に取り込むことになるため、軋轢も生まれやすくなる。給与体系や評価制度、利用するパソコンの環境すら異なるだろう。受け入れた側もそうだが、ITチーム側にもストレスがかかる。

カインズは開発者が働きやすい環境整備に投資

人材という観点では、日米では「小売業界の人材の流動性」でも大きな違いがある。クローガーは、21年8月にリテールメディア広告ソリューションの広告販売の責任者に元アマゾンの幹部を起用した。また、ターゲットもリテールメディアのリーダーに元グーグルの幹部を採用している。リテールメディア事業は、これまでの小売事業とは根本的に事業構造が異なるため、社内にノウハウがないことが多い。事業化にはメディアや広告事業が分かる人材を責任者として抜擢することが早道というわけだ。

米国ではすでにリテールメディアの市場が大きくなっているため、大手の小売企業に広告経験者が活躍できる場所が数多くある。また、メーカーから広告費をもらうという構造上、メーカーのマーケティングにたけた人材も必要だ。今後、メーカーのマーケティング業務経験者も広く活躍できる場が増えていくだろう。

日本の小売企業の中途採用は、小売業界の経験者が多く、IT会社、広告代理店、メディア経験者が入社することは少なかった。しかしながら、リテールメディアは広告事業であって小売事業ではないため、これまでの人材だけでは開発は難しい。そのため異なる分野の経験者を組織内に取り込む必要がある。人事制度やカルチャーの変革など、前提条件をどれだけクリアできるかが重要になるが、その実現はいずれも簡単ではない。

すでに人材の流動性が高く組織内に受け入れられる土壌がある米国とは異なり、日本では人材の流動性こそがもっとも難しい課題の1つなのではないだろうか。

この問題に対して、先進的に取り組んでいるのがホームセンターチェーンのカインズ（埼玉県本庄市）だろう。カインズは開発者を採用するため、人事制度から切り込んだ。異なる職種である開発者が力を発揮できるような環境づくりから始めたのである。カインズテクノロジーズという子会社をつくり、開発者は原則同社に所属となる。休日や服装も、勤務地なども含めて、開発者向けの制度を用意し、そのうえで開発チームを拡大させている。

18年には土屋裕雅会長が「IT小売業宣言」を発表し、19年にデジタル戦略本部が発足。取り組み開始からまだ数年だが、すでにITチームの人数は200人を超え、名実ともに国内でトップクラスのIT小売企業となっている。日本の小売業でIT化を真剣に考えるのであれば、真っ先に参考にすべき企業の一社ではないだろうか。

6つ目として、日米の「インターネット広告の広告単価」の差についても説明したい。グーグルが提供する広告配信サービス「Google AdSense（グーグルアドセンス）」の平均CPM単価は、日本が0・28ドルで、米国は0・68ドルと、約2・5倍の差がある。他のインターネット広告においても、日本は米国と比較して単価が低い傾向にある。

Google AdSenseの主要国・地域の平均CPM単価

米国	0.68
ドイツ	0.43
シンガポール	0.41
英国	0.35
フランス	0.28
日本	0.28
韓国	0.16
タイ	0.15
インド	0.13

日本は0.28ドルで、米国の0.68ドルよりも単価が低い

これはリテールメディア以前に、インターネット広告の単価に対する価値観の差なのだろう。広告単価は広告主が広告効果と照らし合わせて適正かどうかを判断し、見合うと思えば出稿の競争が激しくなり、広告単価が上がる。広告単価はその限られた枠しかない広告枠に対して複数の企業が出稿する性質上、人気の広告枠については需要と供給のバランスによって広告単価が上がっていく傾向にあるからだ。

また、広告枠を掲載するメディア側の努力も必要だ。広告の効果はその媒体に集まる利用者層によって大きく異なる。ある広告主がアウトドア用品の広告を出す場合、アウトドアに興味がある層が集まる媒体のほうが購入につながりやすい。そのため、媒体側はその広告主に対して広告単価を高めたいのであれば、よりアウトドア用品に対して購買力のある利用者を集めるためのコンテンツ開発が必要になる。

グーグルの広告単価はあくまでも一例であり、媒体ごとに異なるた

め一概には言えないが、広告効果を追求し、広告主から高い評価をされるほど広告単価が上がっていく。広告単価が高ければ、同等規模のメディアでも収益性は高くなる。

ではリテールメディアはどうか。アマゾンの広告サービスはCPMが2・5ドル。対して、ウォルマートのCPMは20ドルだ。検索連動型広告に至っては40ドルとなっている。インターネット広告を運用した経験のある方には、この単価がどれほどの高いものかがお分かりいただけるだろう。これほどの単価で、広告効果を保つことは難易度がとても高いのではないかという印象だ。

それぐらい米国ではリテールメディアのCPMが高くなっており、それでもなお、広告主はROI（投資利益率）がよいと高く評価をしている。70％近くの広告主が、リテールメディアでのパフォーマンスは他のチャネルよりもかなり良い、またはある程度良いと答えているほどだ。

日本ではまず「リテールメディアの『効果』とはなにか」という整理とともに、広告単価の議論をすすめていくべきだろう。それを抜きにして、リテールメディアの単価の議論をしていくには情報が不足している状況だ。

メーカーもリテールメディア活用の体制整備が必要に

最後に広告主側についても触れておきたい。日米では「広告主であるメーカーの組織構造」にも大きな違いがあり、それがリテールメディア活用に対する意識の差となっている。米国のメーカーはブランドマネジメント部門の担当者がマーケティング全体を統括しており、テレビCMなどのマス広告やオンライン広告などと同様にリテールメディアも管轄している。最近では、リテールメディア専用の広告予算も組まれており、専任の担当者も配置されつつあるという。リテールメディアが受け入れられている米国では、メーカー側も予算や実務担当がかなり整理されている。

一方、日本はまだリテールメディアの市場規模が小さいため、メーカーのリテールメディアを管轄する部門が分断される傾向にある。

日本のメーカーでは一般的に小売企業の商品部（バイヤー）に商品を営業する役割を担う「営業部門」と、ブランドの認知／マーケティングを担当する役割を担う「宣伝部門」に分けられることが多い。テレビCMなどのマス広告やオンライン広告をはじめとしたメディアへの出稿は宣伝部門が担っているが、リテールメディアは小売企業が展開しているため、同じ「メディア」でも管轄は営業部門というケースがほとんどである。

メーカーがリテールメディアに積極的に取り組もうとしても「予算」と「人的リソース」の課題が発生するのはそのためだ。宣伝広告予算からリテールメディアへの予算を割り当てる場合は、宣伝部門に本来割り振られていた広告費を営業部門が奪う形になるため、営業部門だけでは判断しづらい。また、現状の国内リテールメディアは小売企業ごとに開発されている関係で、網羅的に実施できない点で課題。宣伝部門からすれば、各地域にある支社のうち、特定の小売企業を担当する部署や支店にだけリテールメディアの予算を融通することになり、社内では不公平感が生じるからだ。

逆に販促施策は、宣伝部門からすると部署としての担当範囲を超えてしまうため、予算としても責任範囲としても手を出しづらいというのも事実。あくまでも販促は営業が行うものであり、直接的に売り上げを上げるための手段と考えているケースが多い。一方で宣伝部門は、全社的なマーケティング、ブランディング、リサーチなどの活動を中心に担当するという風に役割分担されている。

ところが、営業部門のベテラン人材は、小売企業と向き合い自社の商品を売り込むことにはたけているが、リテールメディアを最大限に活用するために必要なマーケティングの知識や経験は持ち合わせていないことが多い。そもそも営業と、デジタルメディアを使ったデジタルマーケティングは求められる知識や経験が異なり、全く異なる仕事内容になる。

リテールメディアはデジタルメディアの一種であるため、小売りごとに屋号がついているという点を除けば、ほぼインターネット広告の運用と業務は変わらない。運用に必要なスキルは、デジタルマーケティング担当が保有しているものばかりだ。つまり、メーカーのデジタルマーケティング担当者と営業の担当者が力を合わせて取り組まなければ、真価を引き出せない。

しかしながら、現状ではリテールメディアの管轄が営業部門であることが多いため、営業担当者が不慣れなリテールメディアに向き合う必要があるのだ。とはいえ、メーカーのデジタルマーケティング担当者も現状の業務を抱えながら、全国各地の営業の商談に同席するのはなかなか骨が折れる。

そのため、現時点でリテールメディアに出稿している企業は、営業部門と宣伝部門の壁が比較的小さい場合が多い。担当者間の関係が良好だったり、元営業部・元宣伝部の担当者がそれぞれの部署にいてコミュニケーションがとりやすかったりといった組織による影響が大きい。また、経営側の方針で取り組むことを決め、それぞれの部門に役割を渡している場合には、前提となる壁が例外的に取り払われる。

今後、国内のリテールメディア市場の拡大に合わせ、広告主であるメーカー側も、営業部門と宣伝部門のリテールメディア領域の体制強化が求められるようになるだろう。

リテールメディアをめぐる日米の違いや、日本ならではの市場の特徴は、ご理解いただけたのではないだろうか。第3章からは日本市場に合わせて、独自のリテールメディア開発に力を入れる企業事例を紹介していく。

第3章

日本でも広がるリテールメディア

イオン、セブンの参入で市場拡大の兆し

2022年9月1日、セブン‐イレブン・ジャパンに聞きなれない部署が設置された。その名も「リテールメディア推進部」。同推進部はセブン‐イレブン・ジャパンの広告事業の企画、推進を担う組織である。

一般的にメーカーの宣伝部門が広告宣伝費を使う先はテレビや新聞などのメディアだ。これまでの歴史の中で、セブン‐イレブンをメディアと捉え、メーカーの広告宣伝費が投じられたことが1度もなかったとは言い切れない。だが、少なくともリテールメディア事業を統括する商品本部リテールメディア推進部総括マネジャーの杉浦克樹氏にその記憶はない。

歴史が動いたのはリテールメディア推進部設置の約半年前。22年3月17日、リテールメディアの試験的な取り組みの一環として、セブン‐イレブンアプリ上に設置した広告枠に、セブン‐イレブンで商品を扱うメーカーの広告が配信されたのだ。試験段階ではあったが、出稿主であるメーカーからは広告費が支払われた。その出所はメーカーの宣伝部門だった。メーカーの広告宣伝費によるアプリへの広告配信は、セブン‐イレブンが本格的に〝メディア〟になったことの証しなのだ。

「宣伝部門の視点で見れば小売りは小売りであり、メディアではない。これまでは当社とメーカーの宣伝部門はつながりがなかった。だが、認知から購買までをつなげたリテールメディアを展開することで、市場規模が15兆円といわれる販促費と6兆円の広告宣伝費、合わせて21兆円の市場を取りにいくことも可能になる、挑戦しがいがある領域だ」と杉浦氏は実感した。

セブンは自社の販促施策の成功が開発のきっかけに

セブン-イレブンのリテールメディア開発のきっかけは、約2000万人が利用するセブン-イレブンアプリの購買データを活用した、自社の販促施策だ。セブン-イレブンアプリは、買い物をすることでさまざまな特典を得られる。店舗のレジでアプリ上のバーコードを提示することで、購入金額200円ごとにマイルがたまったり、対象商品の購入でクーポンをもらえたりする。

電子マネー「nanaco」やPayPayの利用者は、それらのサービスのIDと連係させることで、セブン-イレブンアプリ上で支払いサービスを選び、表示したバーコードで支払うこともできる。決済、ポイント管理、クーポンの利用まで、1つのアプリで利用できる。

スマートフォン向けアプリ「セブン-イレブンアプリ」は、買い物時に店舗のレジにアプリに表示したバーコードを提示することでさまざまな特典を得られる。約2000万人が利用する

セブン-イレブン・ジャパンの視点で見れば、こうした機能を持つアプリは、いわゆるID-POSの役割を果たす。会員ごとに固有のIDを割り振り、そのIDにアプリの利用履歴や購買データを蓄積できる仕組みとなっている。

セブン-イレブン・ジャパンはこのアプリで得た購買データを用いて、辛みが効いたフライドチキン商品「ななチキレッド」の販促施策を実施した。購買データを基に、過去にホットスナックの購入履歴がある層と、激辛メニューで知られる「蒙古タンメン中本」の即席麺の購入履歴がある層を抽出。対象層にYouTubeで動画広告を配信した他、セブン-イレブンアプリ上にバナー広告を掲載した。

広告と販促の組み合わせで購入率は2・3倍

結果として、単純な広告接触の有無でも購入率に61％の差が出た。さらに20円引きになるクーポンを併せて配信した場合には、購入率が2・3倍も高かった。こうした事例を通じて、「アプリの購買データを基にした広告と販促を組み合わせることで、大きく売り上げを伸ばせた。この取り組みに手応えを感じた」（杉浦氏）ことが、リテールメディア開発の決断を後押しした。

セブン-イレブン・ジャパンはリテールメディアの本格提供の検討を進めるため、22年3月にメーカーとテストを実施。そのテストなどで効果が実証されたため、メーカー側からも評判の声が上がり始めた。特に、リテールメディアならではの認知から購買までを一貫してデータ分析可能という点は、広告の投資対効果を明確化できるため好評だという。そこで、事業化を決め、「リテールメディア推進部」という専門部署を設置した。同推進部には18人が所属しているという。

具体的な活用例は次のようなイメージだ。「新規顧客を獲得したい」というニーズを持つメーカーが広告主となる場合には、「類似カテゴリーの商品購入経験はあるが対象商品の購入経験がない層」「過去に商品購入経験

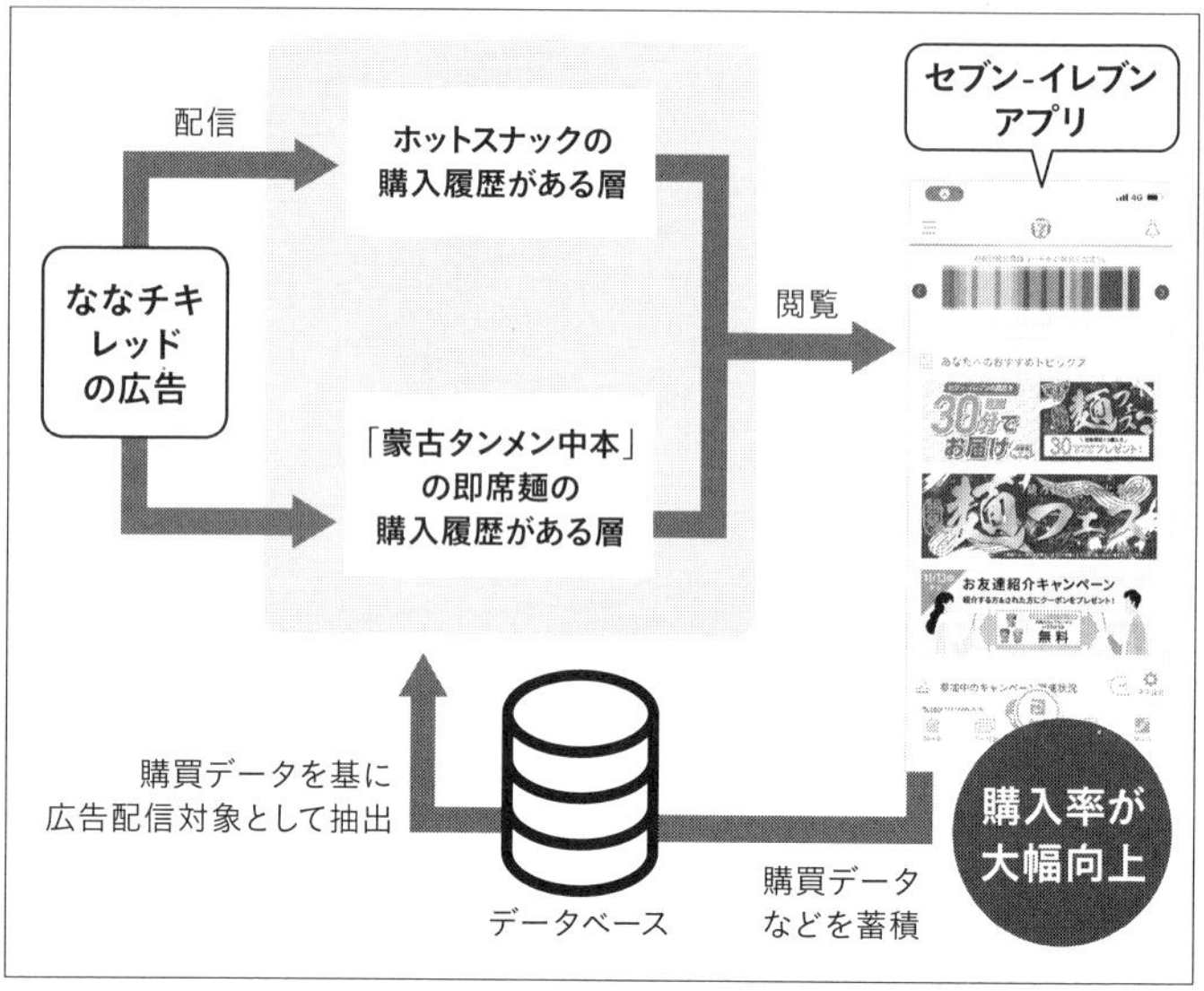

セブン‐イレブン・ジャパンはアプリの購買データを活用して、辛みが効いたフライドチキン商品「ななチキレッド」の販促施策を実施。売り上げ貢献に大きく寄与した

はあるものの直近の数カ月間は購入していない離反層」など、3~4パターンのセグメントを広告の配信対象として抽出する。

広告の配信先は、主にオウンドメディアであるセブン‐イレブンアプリを活用する。リテールメディアで課題に上がりがちなのが、配信規模だ。ダウンロード件数は数百万であっても、月間利用率は数十%。そのうち毎日起動する層は……と深掘りしていくと、広告配信が可能な規模が絞られてしまうことは多い。

一方、セブン‐イレブンアプリは利用者数が約2000万人と桁が1つ多い。さらに「当社のアプリはDAU（1日当たりの利用者数）の規模が大きい。LINEなどのようなコミュニケーションアプリを除けば、これほど頻度が高く利用される小売りのアプリはない。高頻度で使われるコンビニのアプリという点が、リテールメディアでは強みになる」と杉浦氏は自信をのぞかせる。セブン‐イレブン・ジャパンの規模だからこそ、単独の広告事業として成立している面もありそうだ。

購買データで抽出した層に対して、セブン‐イレブンアプリ上に設置した広告枠に、バナー広告を配信する。配信期間は1～2週間であることが多いという。広告クリエイティブはセブン‐イレブン・ジャパンが制作を代行するケース、広告代理店から入稿を受け付けるケースなどさまざまだ。配信した広告からはメーカーが設置したLP（ランディングページ）などに誘導して、商品の特徴や訴求ポイントを伝える。

併せて、クーポンを活用した販促施策を並行して実施することもある。ただし、配信するクーポンは一律ではない。購入経験のある層は商品の便益を理解しているため割引額が少ないクーポンを送り、純粋な新規顧客には割引額が大きいクーポンを送るといった具合に出し分ける。こうして、顧客層に合わせてクーポンを適正に出し分けることで、販促費も効率的に活用する。

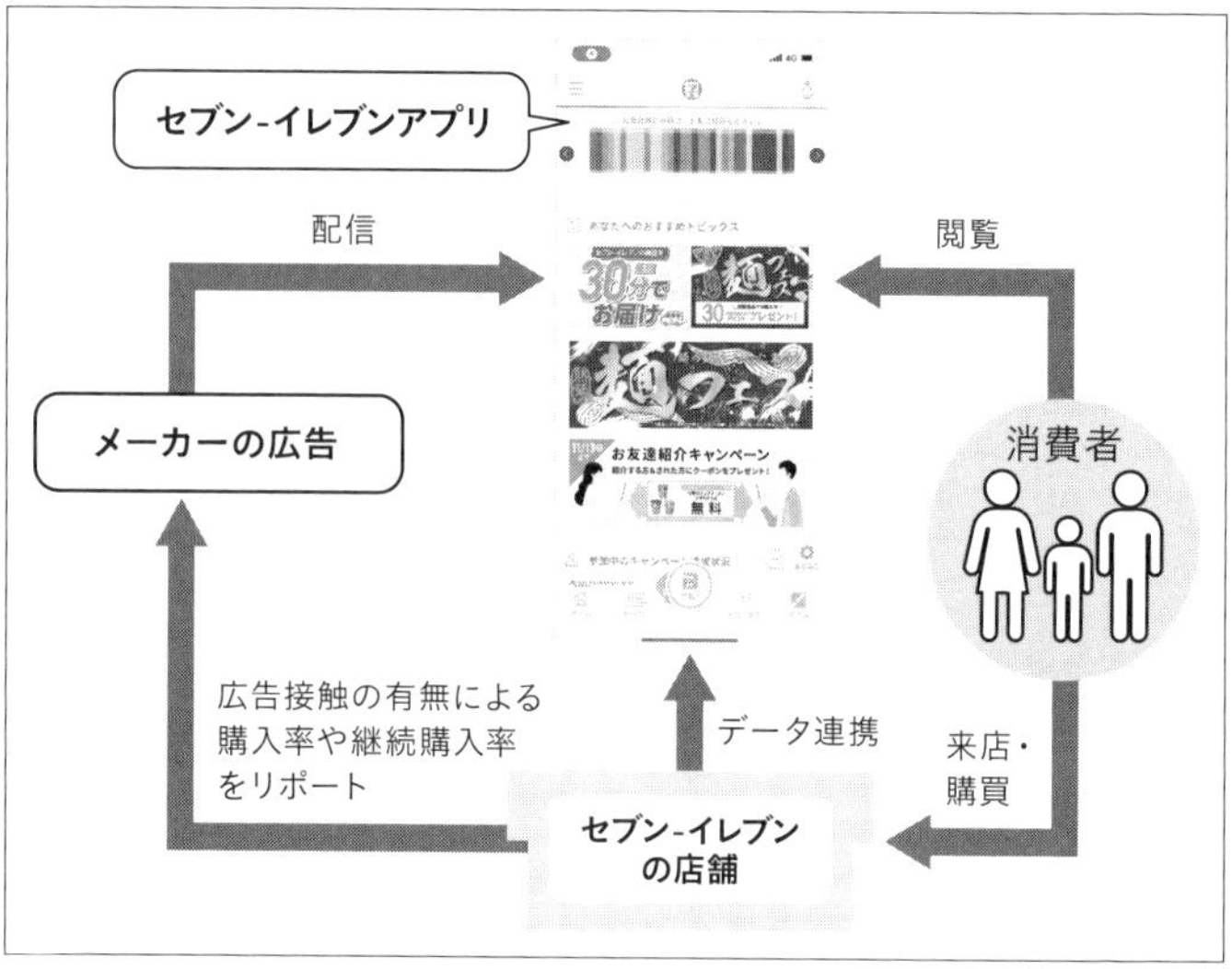

セブン-イレブン・ジャパンは広告接触による購入率の変化、リピート購入率などを出稿主にリポートする。購買データを基に広告効果を評価できる点が、リテールメディアならではだ

広告効果は購買データで分析する。広告接触後、実際に商品を購入した新規顧客の比率はどれぐらいだったのかなど、直接的な購買への貢献度合いで測れる点はリテールメディアならではだろう。さらに、その新規顧客がその後、リピート購入しているかどうかもリポーティングする。単なる購買だけでなく、広告経由で取得した顧客のリピート率までデータとして提供されるため、中長期的な広告の残存効果を分析できる。

もしリピート購入につながらなかった場合は、その後に継続的なアプローチも可能だ。具体的には、1回購入したものの、F2転換（2回目の購入）しなかった層に絞って、クーポンを配信するといった具合だ。こうしたリターゲティング広告的な活用も、すでに実績があるという。「広告と販促をうまく組み合わせることで、継続的な購入率の向上にもつながる」と杉浦氏は説明する。こうした、リテールメディア活用の全体をリテールメディア推進部でサポートしながら、施策を進めている。

セブン-イレブン・ジャパンのリテールメディア推進部が画期的な点は、設立時に商品本部の傘下に設置したことだ。商品本部には商品開発部門と販売促進部門（マーケティング部門）がある。顧客のニーズに合わせ商品開発や品ぞろえ、販促キャンペーンの企画などをメーカーに立案する部隊だ。

デジタル系の新興組織は往々にして、DX（デジタルトランスフォーメーション）推進部や新規事業開発室の傘下などに、「デジタル専門部隊」として設置されることが多い。しかし、リテールメディア事業部門がそうした位置付けで設置された場合、商品本部から見れば、これまで長年交渉して獲得してきたメーカーの販促費を、異なる部署に奪われるという感覚を覚え、社内で競合しかねない。

「リテールメディアはメーカーのマーケティング課題に応えること。それには販促も含めると、商品本部との連携が肝になる」（杉浦氏）という発想の下、商品本部の傘下に設置することを決めた。このことはリテールメディアにかかわる専門家や、小売事業者から見ても理にかなっていると評価が高い。

専門部署を設置した22年9月以降は、広告商品をパッケージ化。自社だけでなく、広告代理店などを通じて販売し始めた。広告商品は一般的なデジタル広告と同様、CPMで販売する。ただし、現段階ではパッケージ商品を広く販売しているわけではない。そのパッケージ商品をベースに、出稿主の目的、購買データを活用した広告配信対象者の絞り込み、1人当たりの広告表示回数の制限などを加味して、一社ごとに適したプランニングを提案しているという。

「営業しやすいようなパッケージ商品はつくったものの、メーカーのマーケティング課題に合わせて、カスタマイズして提供している。当社もまだ学習段階だ。取り組みを通じて、メーカーがどのような悩みを抱えているのかを教えてもらいながら、パッケージ商品の改善を続けている」と杉浦氏は慎重な姿勢である理由を説明する。

セブン-イレブン・ジャパンのリテールメディア事業は離陸したばかりだ。今後、アドサーバーの導入に合わせて、メーカーが使いやすいサービスへと改善を続ける。杉浦氏は「リテールメディアはメーカー、小売り、顧客のそれぞれにメリットがある可能性を持った事業だと思っている」と言う。小売りの巨人であるセブン―イレブン・ジャパンのリテールメディアの成否が、日本のリテールメディア市場の将来性をも占う試金石になるやもしれない。

イトーヨーカドーは専門家を採用し、EC広告事業を開発

セブン&アイ・ホールディングスグループのイトーヨーカ堂（東京・千代田）も、EC広告でリテールメディアに参入する方針。ディスプレー広告の配信枠や、サイト内の検索キーワードに連動して掲載される検索連動型広告などを開発し、ネットスーパーに導入する計画だ。

イトーヨーカ堂が開発を目指すEC広告は、リテールメディアの本命ともいえる。日米のリテールメディア市場で大きく異なるのは広告の配信先にある。米ウォルマートの広告事業の配信先はECサイトが中心。その仕組みは米アマゾン・ドット・コムなどの広告サービスと極めて近く、実態としては、リアルの店舗を持つ小売業者が手掛けるEC広告のプラットフォームだ。買い物を目的としてECサイトに訪れた利用者に、データや購買行動に基づき適格に広告を配信できるのが利点となる。

日本のリテールメディアの多くは、今のところスマホアプリなどが広告の配信先となる。先述した、セブン

・イレブン・ジャパンは約２０００万人が利用するアプリを広告配信先として活用する。規模としては十分だが、課題は利用頻度と閲覧時間にある。アプリ利用者の主目的はクーポンや店頭での買い物時のポイント取得であり、利用時間は短時間になりがちだ。そのため、広告を閲覧してもらうための配信タイミングの見極めが難しい。

購買を目的にじっくり利用するECと、クーポンなどの情報を目的としたアプリでは、同じリテールメディアでも利用者の広告接触態度に大きな差がある。そこでイトーヨーカ堂では、欧米流にならい、ネットスーパーから広告事業に本格参入することを決めた。

リテールメディアでは、広告配信先が購買に直結するチャネルであることが重要だ。自社サイトに広告枠を設置するうえでも、一般的なネット広告の仕組みであるディスプレー広告や検索連動型広告などは、ECサイトとの相性が良い。ネットスーパーからリテールメディア事業をスタートするのは合理的といえるだろう。

EC広告は既存のネット広告と仕組みが近いため、広告の商流を大きく変えられる可能性もある。具体的にはネットスーパーでは実際の売り場では分かりづらかった、商品の閲覧率、商品のカート投入率がデータで分析できる。広告クリエイティブの良しあしなどを、データで検証することもしやすい。そうした広告運用は、既存のネット広告と何ら変わりはない。

となれば、広告を出稿する広告主もデジタルマーケティング部門や宣伝部などが、取引先になることが望ましい。現在、日本のリテールメディアの多くは、販売促進の延長として利用されることが多い。メーカーの営業担当者が持つ販促費だけでは、市場拡大は見込みにくい。その発想を大きく変えることで、新たな広告メディアの1つとして広告宣伝費の投下が加速することが期待される。

ただし、リテールメディアは〝メディア〟を名乗るだけに、十分な閲覧者を抱えていることが広告事業展開の必須条件になる。ネット広告のプラットフォームは利用されるほど、広告配信の機会が増える。例えば、検索連動型広告はサイト内での検索回数が増えるほど、検索キーワードに関連した広告出稿の機会が増える。ところが、イトーヨーカ堂のネットスーパーの会員数は約250万人で、規模としてはまだ不十分。そのため、目下の課題はネットスーパーの利用者拡大にある。

米国のスーパーが手掛けるアプリはどれも利用者の評価が非常に高い。サービスの満足度が高いからこそ利用者が集まる。ウォルマートのアプリ「Walmart: Shopping & Savings（ウォルマート：ショッピング・アンド・セービング）」は米アップルのアプリ配信サービス「App Store（アップストア）」で5段階中4・8と評価が高い。対して、「イトーヨーカドー・ネットスーパー」アプリは評価がわずか1・2と満足度が非常に低い。まずは主な顧客層である首都圏の利用者に高頻度で利用されるような、満足度の高いサービスへと改革していく必要がある

そこでネットスーパーの事業モデルの改革に着手し始めた。23年6月5日に専業の新会社イトーヨーカドー

ネットスーパーを設立。事業構造を大きく変えた。従来、採用していた店舗型の最大の課題は受注件数にある。各店舗の店員が受注情報に合わせて店舗の棚から商品を集め、配送するため人手が足りず、1日に受けられる受注件数に限りがあった。これをネットスーパー専用の配送拠点を持つ「センター型」へと切り替えた。センター型は専用の配送拠点を設ける分、大きな投資コストがかかる。物流コストの増加も懸念される。配送料を含め、物流の改革は収益率を向上するうえで大きな課題だろう。

ネットスーパーの改革を進めながら、リテールメディア事業ではサービスを内製化できる組織づくりを進める。米国では自社サイトの広告サービス開発を内製化しているからこそ利益率が高い。とはいえ、データを格納するCDPなどを自社で開発することは難しい。仕組みは外部のものを使いながら、少なくとも事業をマネジメントするレイヤーは自社の社員が手掛ける必要がある。

イトーヨーカ堂はネットスーパーの改革と広告事業の開発を推進するため、大手食品卸の子会社で、スーパーのアプリ開発支援事業を手掛け、リテールメディア開発にも尽力してきた専門家を外部から採用した。この専門家を中心に、まずは少数のチームで、小さな取り組みから始める。将来的には「リテールメディア」の名を冠する専門組織の設置を見据えながら、広告事業を展開し、成功事例を積み重ねていく考えだ。利益率の高い広告事業の展開で、ネットスーパー事業の収益率の向上を狙う。

ツルハドラッグが広告技術会社と共同で広告事業参入

大手ドラッグストアチェーンのツルハホールディングスも20年8月からリテールメディアを展開している。同社は広告技術開発ベンチャーのアドインテの協力の下、ツルハグループAdsを開発。年間1200万人が買い物をするID－POSデータを使った広告事業に参入した。

ツルハはデジタル広告という新しい事業を開発し、〝外貨〟を稼ぎ始めている。食品、日用雑貨、美容品などさまざまなメーカーの配信実績をつくってきた。ツルハの決算月である21年5月末までに広告事業の目標売り上げを達成。億単位の売り上げとなっているという。

例えば、日用品メーカーのジョンソン・エンド・ジョンソンは洗口剤「リステリン」のマーケティングに活用した。ツルハグループAdsで競合商品の購買履歴を持つ層や自社製品の離反層を配信対象として抽出。プラットフォームと連係するYouTubeやFacebookなどに広告を配信した。その結果、ツルハグループにおけるリステリンの売り上げは配信前と比較して1・3倍になった。

ツルハのデジタル広告事業の源泉は、会員制のポイントカードにひも付く購買データにある。ツルハは中堅のドラッグストアを買収することで、事業規模を拡大してきた。ドラッグストア「ツルハドラッグ」を展開する中核企業のツルハ、くすりの福太郎、レデイ薬局、杏林堂薬局など7つの事業会社を傘下に持つ。各社はそれぞれポイントカードを発行しているが、データ基盤をホールディングス全体で統合している。「15年ほど前からM&Aで関連会社が増えるときに、基幹系システムを1本に集約して運営するという方針を取ってきた」とツルハホールディングスの小橋義浩経営戦略本部長は言う。この経営判断で、グループ横断の巨大な顧客基盤を構築した。

ツルハのグループ会社のどの店舗を利用したときにも、ポイントカードで共通のポイントがためられる。そのポイント付与時に、グループ共通の会員IDにひも付いて購買データが蓄積される。ポイント制度は各社で多少の違いはあるが、データ自体はグループ横断で一元管理できる体制を整えてきた。

ポイントカード会員が非常にアクティブなのも特徴だ。「ポイントカード会員の売り上げに占める比率は85％前後。会員がグループ全体の売り上げをほぼつくっている」（小橋氏）というから驚きだ。ツルハグループ全体のポイントカードのアクティブ会員（1年間でポイントカードを提示して買い物をした会員数）は1200万

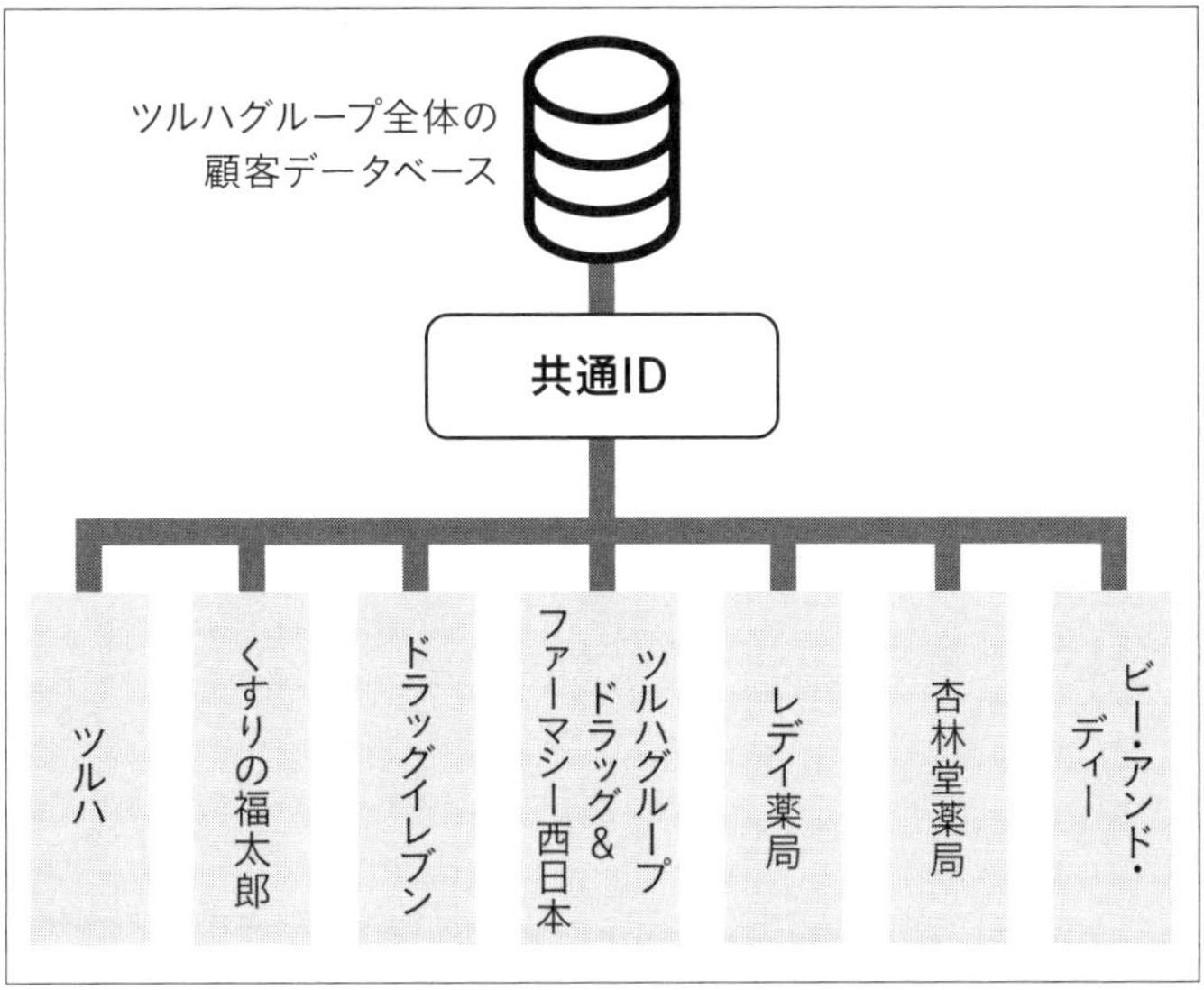

ツルハホールディングスは中核企業のツルハ、くすりの福太郎、レデイ薬局、杏林堂薬局など7つの事業会社で1つのIDを軸に統合的な顧客データベースを構築してきた

人。その会員がグループ全体の売り上げ9193億円（21年5月期）のうち85%を生み出している計算になる。

そうした優良顧客のデータを基にした広告事業を展開するツルハは、有力なリテールメディアプレーヤーになる可能性を秘める。

もっとも、最初から広告事業開発を念頭に置いて、データ基盤を構築してきたわけではない。「グループ会社が増え、事業規模が拡大する中で購買データを各事業者で持っていても、その範囲内でしか活用できない。データでも規模のメリットが得られると考えた」と小橋氏は振り返る。それが結果的にツルハ独自の顧客基盤を築き上げた。

ドラッグストアの「コンビニ化」で購買データが充実

さらに、「ドラッグストアのコンビニ化」とも称されるように取り扱う商材も食品などへと拡大してきたことで、購買データ基盤の充実が進んだ。「ドラッグストアは扱う商材の幅が広いため、顧客の生活の変化が見えやすい。例えば、それまでベビー用品を買っていなかった顧客がおむつを買い出した場合、子どもができたと推測できる。そのデータを上手に使えば、顧客にとって価値あるアプローチができるのではないかと考えた」（小橋氏）。こうしたライフステージが変化した瞬間を捉えられる広告商品は、広告主からの需要が高そうだ。

顧客接点もデジタル化が進む。ツルハはポイントカードのアプリ化を進めてきた。ポイントカード機能を備えたアプリ「ツルハドラッグアプリ」は、２５０万人以上が利用する。これを早期に５００万人まで増やすことを狙う。デジタル上の接点を増やすことは、広告配信面の拡大という側面も持つ。こうしてデジタル広告事業に必要なパーツが整ったことが、開発の発端だ。

とはいえ、ツルハにデジタル広告プラットフォームを開発するノウハウはない。そこで、広告技術開発ベンチャーのアドインテと手を組んだ。同社は小売事業者向けにオンラインとオフラインを統合したデータ収集、データに基づくセグメント抽出、広告配信などの機能を持つDMP（データ・マネジメント・プラットフォーム）「AdInteDMP」を提供する。

ツルハはアドインテの協力を得ながら、アプリの利用ログ、ID－POS、会員情報を蓄積するDMPを構築した。このDMPでツルハにとっての広告主、すなわちメーカーの商品の購入が期待できる層をセグメントとして抽出。ツルハのアプリへのプッシュ通知や、DMPと接続する外部広告枠への広告配信を実現した。

さらに、広告効果測定もしやすい。具体的には、ツルハのアプリの広告接触データと、ツルハグループの店舗での該当商品の購買データをIDでひも付けることで、オンラインとオフラインをまたいだ広告効果測定ができる。「デジタル広告が普及したことで、売り上げにどれぐらい貢献したのかといった効果測定を広告主は求めている。リアル店舗の購買データはID－POSで取得できる。出稿から購買の効果測定まで、一気通貫の広告サービスを開発できるのではないかと考えた」と小橋氏は言う。

こうしたシステムを構築して、デジタル広告事業に参入した。ただ、現状の広告配信は手作業に近いという。広告主であるメーカーと相談しながら、性別などのデモグラフィックデータの他、対象商品の購入経験を持つ

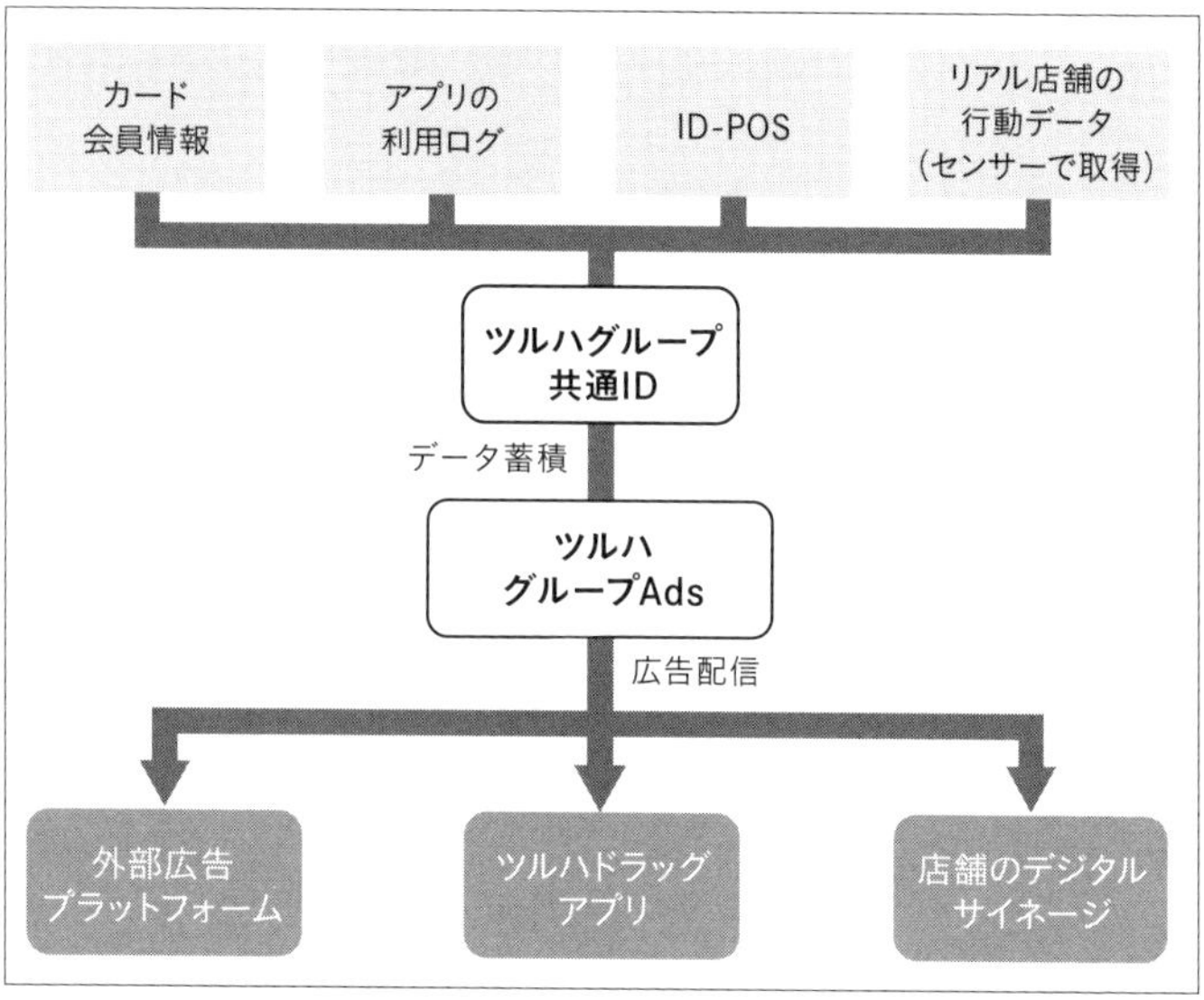

ツルハはアドインテ（京都市）の協力を得て「ツルハグループAds」を開発。グループのデータを共通IDを軸に蓄積し、広告配信に生かす

層といった具合に対象層を抽出する。ツルハには広告クリエイティブの開発能力がないため、広告主はアドインテやメーカーが取引する広告代理店に制作してもらい、それを入稿することになる。

その広告クリエイティブを、抽出した層に対してアプリにクーポンなどをプッシュ通知で配信したり、店舗に設置したビーコン（近距離無線通信端末）端末を通じて店舗近隣にいる顧客のスマートフォンに情報を発信したりして訴求する。そしてID－POSのデータで、購買に結び付いたかどうかを検証する。大手広告プラットフォーマーのようにすべてシステムで自動化までは実現できていないため、今後の開発の課題になる。

もう1つの課題は広告配信面の確保だ。ツルハグループAdsを通じた外部広告枠への配信にはサード・パーティー・クッキーを利用している。外部広告枠の配信を継続するには、将来的には他の広告プラットフォームと同様に代替技術などに移行せざるを得ない。そこで、今後はオウンドメディアでの広告枠開発を強化する。

ツルハにとっての最大のオウンドメディアは店舗だ。「ツルハが展開する店舗のうち1200店舗に各5〜6カ所のデジタルサイネージを導入する計画を進めている」と小橋氏は明かす。とはいえ、アプリへのプッシュ通知とは異なり、不特定多数が行き来する店舗のデジタルサイネージに特定の層向けの広告を出し分けることは難しい。

そこで、カメラやセンサー、ビーコンなどを駆使する。例えば、手に取った商品をカメラやセンサーで判別して、店員に代わりデジタルサイネージを通じて商品説明動画を流すことで〝接客〟するといった具合だ。また、「アプリとビーコンを連係させれば、ワン・トゥ・ワンは難しくても、一定のセグメントは判別できる」と小橋氏は説明する。

ただし、広告事業は慎重に進めたい思惑もある。「顧客にとって気持ちのいい体験が前提だ。それがないとアプリの利用者などは増えない。企業の利己主義で情報発信をしても、顧客は思った通りには動いてくれない」と小橋氏は強調する。ツルハが広告事業を開始してようやく半年だ。当面は知見をためながら顧客、ツルハ、広告主にとって三方良しの形を模索していく。

キリン堂がリテールメディアで効きやすい商品を検証

ドラッグストアではキリン堂（大阪市）も、リテールメディアに先進的な一社だ。同社は関西を中心に398店舗を展開する中堅ドラッグストアチェーン。21年3月にリテールメディア「K.ads（ケーアズ）」の本格展開を始めた。

K.adsはキリン堂が蓄積する購買データなどを活用したデジタル広告の配信、210万ダウンロードのアプリへのクーポン配信、店舗のサイネージを用いた店舗販促、メールマガジンなどを組み合わせた、細やかなターゲティングを可能とした広告サービスだ。キリン堂が扱う商品のメーカーが主な広告主となる。

リテールメディアの開発を主導した経営改革室長の寺西廣行氏はメーカー出身。ECのプラットフォームが販

キリン堂は、210万ダウンロードのスマートフォン向けアプリなどで取得した購買データを用いた広告事業を展開する

売の場としてだけでなく、売り場そのものがメディアとして扱われる実態を知った。そこに実店舗を持つ小売りに存在するビッグデータの活用と、メディアとしての価値創造を掛け合わせることの可能性に目をつけたことが、リテールメディアのアイデアの源泉だ。

「実店舗を持つ小売りの購買データを活用すれば、広告事業を展開できるのではないか」（寺西氏）と考えていたという。キリン堂に転じた後、アプリの利用者増によるデジタル上での接点や、既存の広告媒体とデータ連係した広告配信などの仕組みの整備により、寺西氏の脳内で描いていた構想の実現が可能になった。

特にローカルマーケティングの支援という文脈で、広告主からの需要は高いと踏んだ。キリン堂は関西圏での存在感が強い。「取引先のメーカーは既存の購買データで関西圏でのシェアが低いことが分かっていれば、ローカルに特化したマーケティングを実施したいと考えるはず」(寺西氏)。そのとき、キリン堂が広告事業を展開していれば、出稿ニーズはあると考えたわけだ。こうした発想で20年3月からリテールメディアの実験を始め、事業展開が可能だと判断した21年3月からサービス化して、本格展開を始めた。

約2年間の事業展開で、メーカーと効果検証の試行錯誤を続けた。これまでに数十社と広告施策に取り組んできたという。カテゴリーは美容品や食品が中心だが、今後ヘルスケア領域にも拡大する方針だ。

各社との取り組みの中で、効果を出すためのポイントとして浮かび上がったのは「商品選定」だ。K.adsはキリン堂が主体となって、広告主の商品を推奨する広告サービスとなっている。棚に並んでいても、顧客が気付いていなかった商品との出合いを広告を通じて創出することで購買に結び付きやすくなる。付加価値が明確ではあるものの認知度が低い商品は、キリン堂のリテールメディアを通じて顧客に提案することで「売り上げが飛躍的に増加していく事例はある」と寺西氏は明かす。

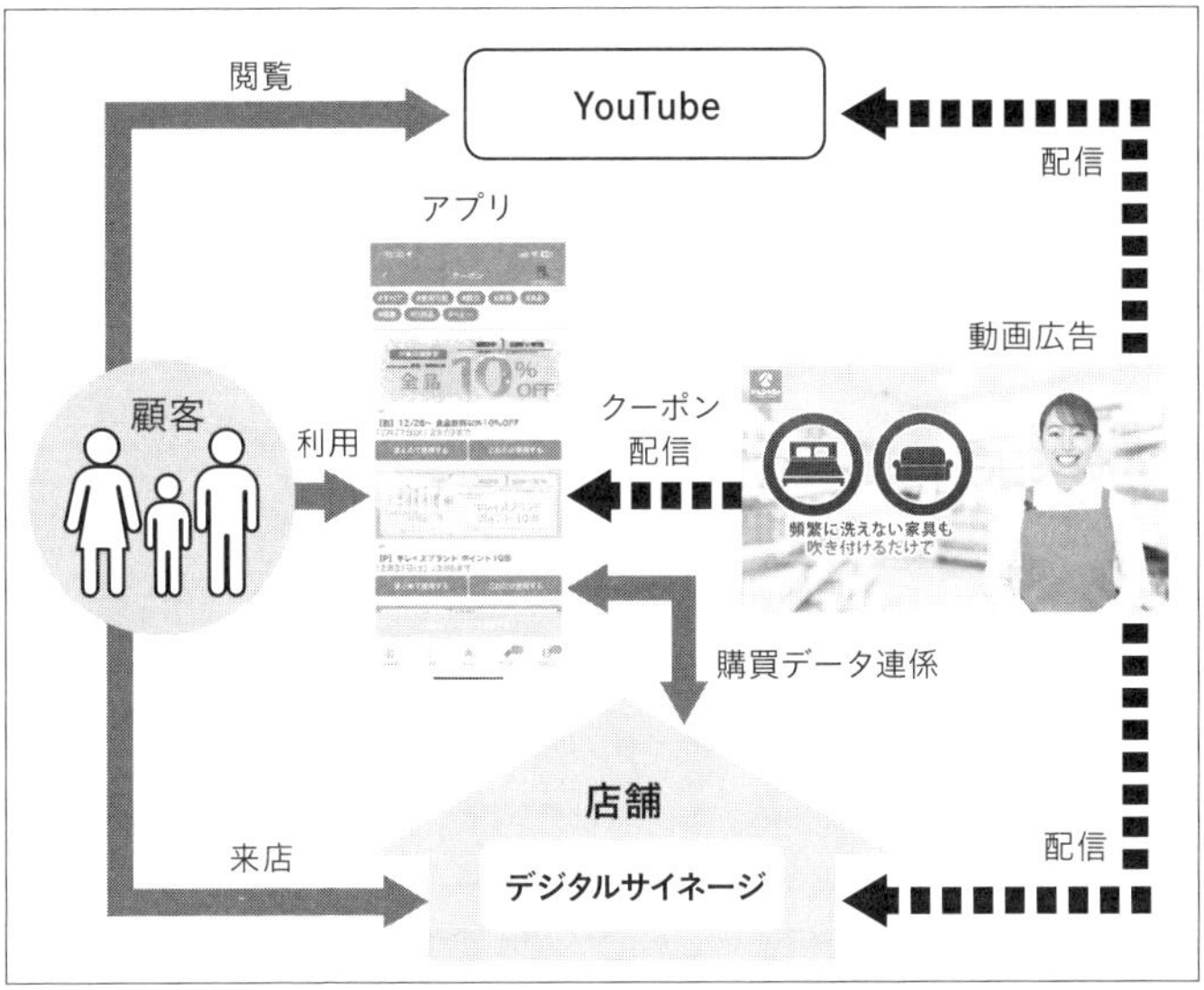

広告、アプリへのクーポン配信、店頭のデジタルサイネージの三位一体のマーケティング策が勝ちパターンになる

ポイントは「商品の便益を分かりやすく伝える動画広告をつくり、当社の顧客に提案する」（寺西氏）ことだ。広告主の広告素材をデータに基づいてそのまま広告として配信するのではなく、キリン堂とリテールメディア支援事業のフェズが商品の便益を伝える動画広告を共同制作する。「小売店ならではの視点で、顧客層に沿った広告クリエイティブで便益を伝えることが重要だ」と寺西氏は説明する。

制作した動画広告はキリン堂の購買データをYouTubeと連係して配信する。また、キリン堂のアプリやメールマガジンを通じてクーポンを配信するなど、販促施策も並行して実施する。

デジタル上での接点拡大だけでなく、店舗も活用する。「広告、アプリのクーポン、そして売り場での訴求という3つの接点をつくることが勝ちパターンになっている」と寺西氏は説明する。YouTubeで配信した広告は店内に設置したデジタルサイネージにも流す。来店者は店頭でも同じ広告を目にすることで、商品を想起しやすくなる。さらにアプリでクーポンが配信されていれば、まずは買ってみようという心理が働きやすくなるのだ。

一方で、「認知度が高いマスブランドでは、広告施策を実施したとしてもあまり効果が得られないこともある」と寺西氏は言う。すでにブランド名や商品の持つ便益を認知している商品は、広告で再訴求しても新たな気付きにはなりにくいため、購買意欲を刺激しにくいのではなかろうか。

キリン堂が提供する広告サービスの料金は？

広告費はベーシックな施策で300万～500万円になるという。ただし、先述した通り、より成果を出すためには店頭との連携など、包括的な展開が重要になる。そのため、基本的にはキリン堂の商品展開のスケジュールに沿って、バイヤーからメーカーに広告施策の実施を提案するという。「商品品質は高いものの、広告予算が少なくて認知度が低い。そういったバイヤー視点で課題を感じている商品のメーカーに提案する」（寺西氏)。

また企業が広告の投資判断をしやすいように、広告効果をキリン堂の購買データで計測する。IDを基にした購買データ蓄積の仕組みID-POSと連係できる小売りの広告事業は、広告接触から購買までを一貫して分析できるのが強みだ。広告がキリン堂の店舗で対象商品の購入につながったかどうかをデータで分析できるため、ROASが明快になり、広告主は投資判断がしやすい。

加えて広告対象商品が継続購入されているかどうかもリポートする。「約1年間のLTVで、効果検証をする」と寺西氏。もちろん、リピート購入を促すために、離反顧客を対象とした広告配信なども可能だ。それも購買データを基にしたリテールメディアならではの強みだろう。

今後は、広告配信面の見直しとコンテンツの強化を進める。例えば、店内放送などもリテールメディアのメニューに加えるなど、広告と顧客の接点を拡大する。広告配信面は、現状YouTubeをはじめとしたグーグルの広告プラットフォームとの連係が中心だが、「広告配信面は中長期的に増やしていきたい」と寺西氏は展望を語る。

面だけでなく、そこに配信するコンテンツはリテールメディアの肝となる。便益がしっかりと伝わるほど商品が売れるように、顧客と日々対話する小売りならではの視点を持った広告コンテンツの制作が効果に与える影響は大きい。キリン堂ではリテールメディアの専任担当者を設けて、既存の販促コンテンツとの二人三脚で事業展開できる体制を築いた。

K.adsは基本的にキリン堂が主体となって、広告主の商品を推奨する広告サービスのため店舗との連携が重視されている。ただ、キリン堂の購買データだけを用いて、YouTubeなどに広告配信したいというニーズもある。そうした企業向けには、キリン堂とリテールメディアを共同開発するフェズの広告サービス「Urumo Ads（ウルモアズ）」を提案する。キリン堂とフェズは22年9月にリテールメディアを推進するため、包括的な業務提携を締結するなど、リテールメディアの共同開発体制を一層強化している。

Urumo Adsはキリン堂の購買データを基に広告配信対象を絞り込み、メーカーが制作した広告をそのままYouTubeをはじめとするグーグルの広告サービスに配信できる。店舗の棚などとの連携はしないため、K.adsほど直接的な売り上げ貢献は期待できないかもしれないが、キリン堂で買い物をする特定の層での商品認知拡大には効果的だろう。

最後に「地方ドラッグストアとして、リテールメディアの勝ち筋はどこにあるのか」と寺西氏に尋ねると、こう答えた。「リテールメディアは、ローカルマーケティングに効果的なプラットフォームになっていくだろう。そこに可能性がある」。日本は地場に根付いたスーパーやコンビニエンスストアなどの存在感が強く、地域ごとに独自の商圏が築かれている。純粋な規模で比較すれば大手コンビニやGMSには及ばないかもしれないが、特定の地域における顧客との関係性は大手に勝るとも劣らない企業も珍しくない。

そうした地場の小売りがリテールメディアを展開することで、広告主は各地域に合わせたローカルマーケティングを展開しやすくなる。「他の地域のドラッグストアと当社をうまく組み合わせて活用する広告主も現れている」と寺西氏は言う。22年から国内でもリテールメディア市場が本格的に拡大し始めた。市場拡大に合わせて取り組む小売企業が増えることで、広告主であるメーカーにとってもマーケティング施策実施の選択の幅が広がりそうだ。

ヤマダデンキは〝広告代理店〟になれるか

家電量販店でリテールメディアに挑むのがヤマダデンキだ。同社は21年4月にサイバーエージェントと共同で広告サービス「ヤマダデジタルＡｄｓ」を開始した。リテールメディアで効果を出すためには、「販売のプロ」である小売りならではの知見が重要になる。ヤマダデジタルＡｄｓでは、ときにヤマダデンキが広告クリエイティブの制作代行を請け負うこともあるという。

ヤマダデンキは、最初から広告事業の展開を標榜していたわけではない。自社のマーケティング課題の解決を目指し、購買データを用いたデジタル上での顧客接点拡大を目指す仕組みづくりを進める中で、副産物として広告サービスが生まれた。自社だけでなく、取引先であるメーカーの広告費も使いながら、デジタル販促施策の精度を高めていこうという発想だ。

リテールメディア事業の担当者である広告ソリューション部の綿貫哲也部長は当時、デジタルメディアを活用した集客を担う「デジタル広告課」に所属していた。同社は、自社の広告戦略に悩んでいた。スマートフォンの普及などでテレビの視聴時間が徐々に減り、テレビＣＭの影響力の弱まりを感じていた。また、同社がこれまで最大の武器にしていた、折り込みチラシの効果にも若干の陰りが見えはじめていた。

これを補うため、新たな集客施策としてデジタル広告の活用を推進する組織として、デジタル広告課が設置された。専門組織を設置してデジタル広告の活用を強化したが、店舗への来店者が増えたとしても「それが本当にデジタル広告によるものなのか証拠がない」（綿貫氏）ため、今度は効果の立証が課題になった。

そこで取り組んだのが、ポイントカード会員との連係だ。ヤマダデンキはデータ活用支援企業トレジャーデータ（東京・港）のCDPを導入していたものの、有効的な活用法を見いだせずに持て余している状況だったという。そこで、ヤマダデンキの広告施策を支援するサイバーエージェントと協議する中で、デジタル広告の効果検証に、このCDPを活用することを決めた。

具体的には、まず基幹システムに蓄積しているポイントカード会員の購買データなどのデータをCDPに取り込む。次にCDP経由で広告配信対象を抽出し、対象者に広告を配信する。その結果をポイントカード経由で取得した購買データと突き合わせることで、実売への影響を測ろうという取り組みだ。ところが、結果としては惨敗だったという。

適切な顧客の抽出法や、クリエイティブ制作などの知見が全くないまま配信したため、デジタル広告の集客効果は期待を大きく下回っていた。綿貫氏は、当時をこう振り返る。「はっきりとは言わないが、やっぱりデジタル広告はあまり効果がない、費用対効果はチラシと比べると悪い、といった雰囲気が社内に広がりつつあった」。

メーカーも巻き込むサービスへと発想を転換

どうにか突破口を探す中で、サイバーエージェントから提案されたのが、メーカーから広告費を受けるというモデルだった。それまでは自社で扱う商品のマーケティングの一環としてデジタル広告施策を行っていたが、小売事業者は投資対効果の判断がよりシビア。売れなければ、広告予算は減らされる一方だ。だが、新しい領域の取り組みだけに、小さくても成功と失敗を繰り返さなければ、デジタル広告活用の知見はたまらない。

そこで、このプラットフォームを活用し、メーカーのマーケティング支援をするサービスを提供することで、広告費の出所を自社から広告主へと変え、デジタル施策の知見をためるという発想へと切り替えたのだ。これが、結果的にリテールメディアと呼ばれる広告事業へと発展していくこととなる。約3年前のことだ。

そして、徐々にデジタル施策への知見がたまる中で、21年4月からはこのサービスにヤマダデジタルAdsと正式な名称を冠し、サイバーエージェントと共同で本格的に事業として確立させた。ヤマダデンキが保有する全国の実店舗およびECサイトの購買データや会員データから、顧客IDと購買データをひも付けたデータ基盤を構築。それらデータを活用した広告メニューを提供するサービスだ。

ヤマダデンキの購買データを用いて、配信対象を選定できる点が特徴だ。例えば、5年前に競合製品のテレビを購入した層に、別のメーカーが買い替えを促す広告を配信するといったことも可能。さらに「地域、年代、過去の購買データなどを基に絞り込めるようになっている」（綿貫氏）という。

仕組みとしては、まずメーカーから広告費を預かり、メーカーが指定した商品の広告クリエイティブを制作する。広告の配信面としては、グーグルやヤフーなどの既存の広告プラットフォームが中心となる。CDPから配信対象のリストを抽出し、各プラットフォームにセキュアな環境でアップロードする。これにより、ヤマダデンキ外の広告プラットフォームでも、対象層に広告を配信できる。

また、ヤマダデンキのスマートフォン向けアプリ「ヤマダデジタル会員」にも広告を配信できる。アプリ内の「アプリ会員限定お得情報」ツールの中に販促情報が掲載されており、その並びに出稿依頼を受けたメーカーの商品広告が載る。ただし、こちらはまだデータに基づく配信は実現できていないため、全体配信となる。

広告出稿を希望するメーカー側のニーズはさまざま。「ヤマダデンキ内でのシェアを拡大したい」というニーズは一例だ。規模の大きい大手メーカーは紙のチラシに商品を掲載できるが、3番手、4番手の中堅企業は掲載できるスペースを確保できない場合がある。そこで、デジタル広告を活用することで、チラシとは異なるルートで商品の認知度を高めて、ヤマダデンキにおけるシェア拡大につなげたいという考えだ。

一方で、大手メーカーの場合だと、「ECサイトでの売り上げを拡大したい」ニーズがあるという。大手のためチラシでの商品の露出などにより、店頭での売れ行きはある程度保証されているため、ヤマダデンキのECサイトへの販路を拡大したいという狙いだ。その場合は、デジタル広告から、ヤマダデンキの公式通販サイト「ヤマダウェブコム」上の製品ページに誘導する。広告はアプリ会員を中心に配信するため、ECサイトで購入してもらえる可能性が高い。

「売れる広告」づくりに小売りならではの知見

こうした新しい仕組みで広告事業を展開してきた。広告代理店であるサイバーエージェント経由だけでなく、日々のメーカーとの商談の中で、広告出稿を打診されるケースも増えてきているという。「常時5～6件の案件が並行して走っている状況だ。だが、まだ手応えを感じられる状況ではない」と綿貫氏は率直に言う。実際、1年半にわたり事業を展開する中で、さまざまな課題が浮かび上がってきた。

「広告クリエイティブの制作」はその1つ。もともとデジタル広告の知見があるサイバーエージェントが広告運用を担当し、ヤマダデンキは配信の大元となるデータの提供や購買データの分析をするなど役割分担がされていたはずだった。ところが、「サイバーエージェント側がつくる広告クリエイティブは、小売りの視点で見れば『売れる広告』になっていない」と綿貫氏は感じた。

たしかに広告のデザインとしては、ブランドをイメージしてつくられており美しい。だが、それだけで消費者の心理を動かすことは難しい。ヤマダデンキは毎週「折り込みチラシ」を、顧客に情報を伝える手段として大切にしてきた。「特価品」「値引き中」「期間限定」といったチラシに印刷されている内容は、長年小売りとして培ってきた販促のための知見だ。顧客のことを最もよく知るヤマダデンキだからこそ、この〝美しい広告〟に違和感を覚えた。

そこで、ヤマダデンキでは、ブランドをイメージした「きれいめクリエイティブ」や、販促色を打ち出した「販促クリエイティブ」など、独自クリエイティブを10パターンつくり、どの広告が最もクリックや売り上げにつながったのかを比較した。

次ページの図のうち上の黒背景の広告クリエイティブはインプレッション数・クリック数ともに最も多かった。一方、下の青背景の広告クリエイティブは最もインプレッション数が少なかったものだ。商品を目立たせられるような、商品と対照的な背景色にし、商品に注目してもらうため、できるだけテキストなどの情報量は少なくキャッチーにする。売りたい商品を全力で目立たせるという、販促の鉄則を生かしたクリエイティブが、やはり顧客の目に留まった。

また、「電動ソファ」の広告では、「田中さんが早く帰る理由はこれでした」というテキストだけの広告を制作したところ、やはり購買にむすび付いた。まずは、注意を引いてクリックを誘う。そして、誘導先であるLPでは、ヤマダデンキがこれまでの販促で培ってきた知見を動員して、買いたくなるコピーや画像を盛り込む。それが購買という成果を生む。

もっとも、メーカー側の意向として、直接的な販促ではなく、ブランドの世界観を伝える広告をリテールメディアを通じて実施したい場合もあるだろう。そうしたメーカーの目的に合わせてサイバーエージェント、ヤマダデンキのそれぞれの得意領域で広告クリエイティブを制作する体制づくりが、リテールメディア事業を成長させるうえで1つの重要なポイントになりそうだ。

黒背景のクリエイティブ（上）は最もインプレッション数・クリック数ともに多く、青背景のクリエイティブ（下）はインプレッション数が最も少なかった

広告運用はサイバーエージェントの得意領域のため、基本的には任せている。だが、綿貫氏が一点だけ違和感を覚えたことがある。店頭での販促を考えた場合、土日は来店客が多いため店舗の営業員を増やし、反対に平日は人員を減らすのが一般的だ。デジタル広告の出し方を考える際も、毎日同じ予算や頻度での配信はありえない。

ところが、運用の初期の段階で日々のリポートに目を通していると、予算や頻度を毎日変えることなく一律で配信していた。そのため、土日と平日で差をつけるように助言したところ、やはり成果につながったという。

サイバーエージェントＡＩ事業本部ＤＸ本部統括の藤田和司氏は「小売りごと、店舗ごと、月ごとの傾向があり、それを配信のアルゴリズムに学習させる必要があるため、一律で配信することもある。ただ、当社は小売りのプロではない。ヤマダデンキから小売りならではの知見を生かした販促のやり方を教わりながら、適切な運用のアルゴリズムをつくっている」と説明する。

例えば、気温の変化などでも来店客の増減に影響を与える可能性がある。それは広告データだけを見ていても、解き明かしづらい。「小売りの知見とサイバーエージェントのデジタル広告運用の知見を掛け合わせながら、アルゴリズムも含めて、機能強化をしている面はまだ多い」（藤田氏）。

2つ目の課題は「店頭やチラシとの連動」。アルゴリズムを用いて、各出稿主の広告を一律で配信し続けるかどうかも、悩ましいところだ。一般的にチラシでは売りたい商品を目立たせるなど、メリハリをつけて伝える。店頭でも、チラシに連動して売り場を強化する。ところが、複数メーカーの商品の広告を一律で配信して売り出しては、どの商品が目玉なのかが伝わりづらくなる。そのため、広告の運用に店頭やチラシとの連動を考慮することも、効果を高めるうえで必要になりそうだ。

広告事業として成立させながら、ヤマダデンキが売りたい商品を一押しして売れるモデルにしたい。そう考えたときに行き着くのは、やはりチラシだった。22年からはWebチラシ施策を強化しているという。

以前は、Webチラシはヤマダデンキの自社サイトに掲載するのみだったが、23年からはスマホやパソコンなどからチラシを見られるWebサービス「Shufoo!」「トクバイ」「LINEチラシ」といったサービスにもチラシを展開。週間の閲覧者数は100万人ほどにのぼるという。こうした実績がついてきたことで、メーカーからの引き合いも強まり、紙のチラシには載らないようなニッチな商品をWebチラシに載せられないか、といった打診を徐々に受けるようになっているという。

デジタル広告を扱う広告ソリューション部は、店頭ポスターやPOP、デジタルサイネージなどの販促物も管理している部署だ。そのため、今後はWebチラシに掲載する商品の店頭販促物を同時に出すなどの連係もしていきたいという。さらに、来店した客がアプリを立ち上げると、店内に設置したビーコンと連係してタイムリーに情報が届く、といった取り組みにも意欲的だ。

「サイバーエージェントが得意なデータを活用した配信領域とヤマダデンキのWebチラシ、そして店頭販促物がうまくリンクするようになれば、一番効果が出せるのではないか」と綿貫氏は期待を口にする。

自社のマーケティング施策を模索する中で生まれた、新しい広告事業。小売りだからこそ持ち得る顧客データだけでなく、販売のプロとして培ってきた「売り方」が、デジタル広告にも応用されている。事業の本格始動から1年半を経て、出稿依頼は増加してきているという。データ活用を既存のアナログ施策とどう融合し、効果を高めていくのか。今後の取り組みに注目したい。

イオンは900万人利用のアプリで参入

小売りの巨人イオンもリテールメディアに力を入れ始めている。同社はスーパーチェーンのイオンリテールが提供する900万人が利用するアプリのイオンお買物アプリで取得したデータを基に、AEON ADというサービス名で広告事業を展開する。

「リテールメディアは非常にホットな話題で、小売業者にとっての新たな収益源だ。だが、先行するウォルマートも10年以上かけて人材を集め、開発し、ようやく収益化を実現した。日本の小売りはまだデータ基盤が弱い。まずは、顧客にとって価値のある情報を提供し、広告もコミュニケーションをよりよくする手段として活用できるようにしていきたい」とイオン取締役デジタル担当の羽生有希副社長は今後の展望を語る。

リテールメディアは将来的に全社的な取り組みになる可能性が高い。その礎となるプラットフォームの構築をイオンは進めているからだ。同社は「顧客を中心に各事業をつなぎ合わせた円を描き、あらゆるサービスをストレスフリーに回遊しながら利用できる『イオン生活圏』を形成していく」（羽生氏）ことを標榜する。

顧客を中心とした独自の生活圏を構築するうえで、核となるのが顧客ＩＤだ。グループ共通のＩＤで、さまざまなイオンのサービスを利用可能にし、その利用履歴や購買データなどを一元管理できるようにする。

現在はサービスごとに、異なるＩＤでログインなどをする必要がある。その数は、イオンで把握しているだけでも90を超えるという。小売店、金融、エンターテインメントまで、幅広い事業を展開しているにもかかわらずＩＤが異なるため、顧客データの分散化を招き、一貫したＣＸ（顧客体験）を提供できていない。ＩＤ統合はイオンが進めるＤＸ戦略実現の絶対条件なのだ。

だが、ＩＤはあくまでデータを統合的に収集する仕組みにすぎない。「どれだけ優れた技術を取り入れても、顧客は自分が味わった体験でしか、企業の変革を実感できない」と羽生氏は言う。だからこそ、顧客の価値を念頭に置く必要がある。

「IDの統合やデータプラットフォームの構築は手段の1つ。前提としてCXをどう変えたいのかを考え、そのためには何が不足しているのかという発想で物事を考えなければならない」と羽生氏は強調する。

目指すのはパーソナライズされた購買体験の実現だ。「商店街でそれぞれの店舗で買い物をしていたのが、GMSという業態の登場で、1つの店舗でさまざまなものが手に入るようになった。ネットの登場で、チャネルは爆発的に増えた。今度は一人ひとりに適した体験を届けることが求められている」と羽生氏。

現状、カスタマーセンターに問い合わせをする場合、事業やサービスごとに異なる問い合わせ先に連絡をしなければならない。「IDの統合により、顧客データが一元管理できるようになれば、(電子マネーの)『WAON』や購買した商品など、事業会社を超えてワンストップで問題を解決してくれる体験をつくっていく」と羽生氏は言う。

また、より顧客インサイトを精緻に分析できるようになる可能性がある。顧客ごとに適した商品を提案したり、新たなサービスを開発したりするなど、技術やデータを用いて、より高いCXに変換することが、イオンのDX戦略の本質だ。

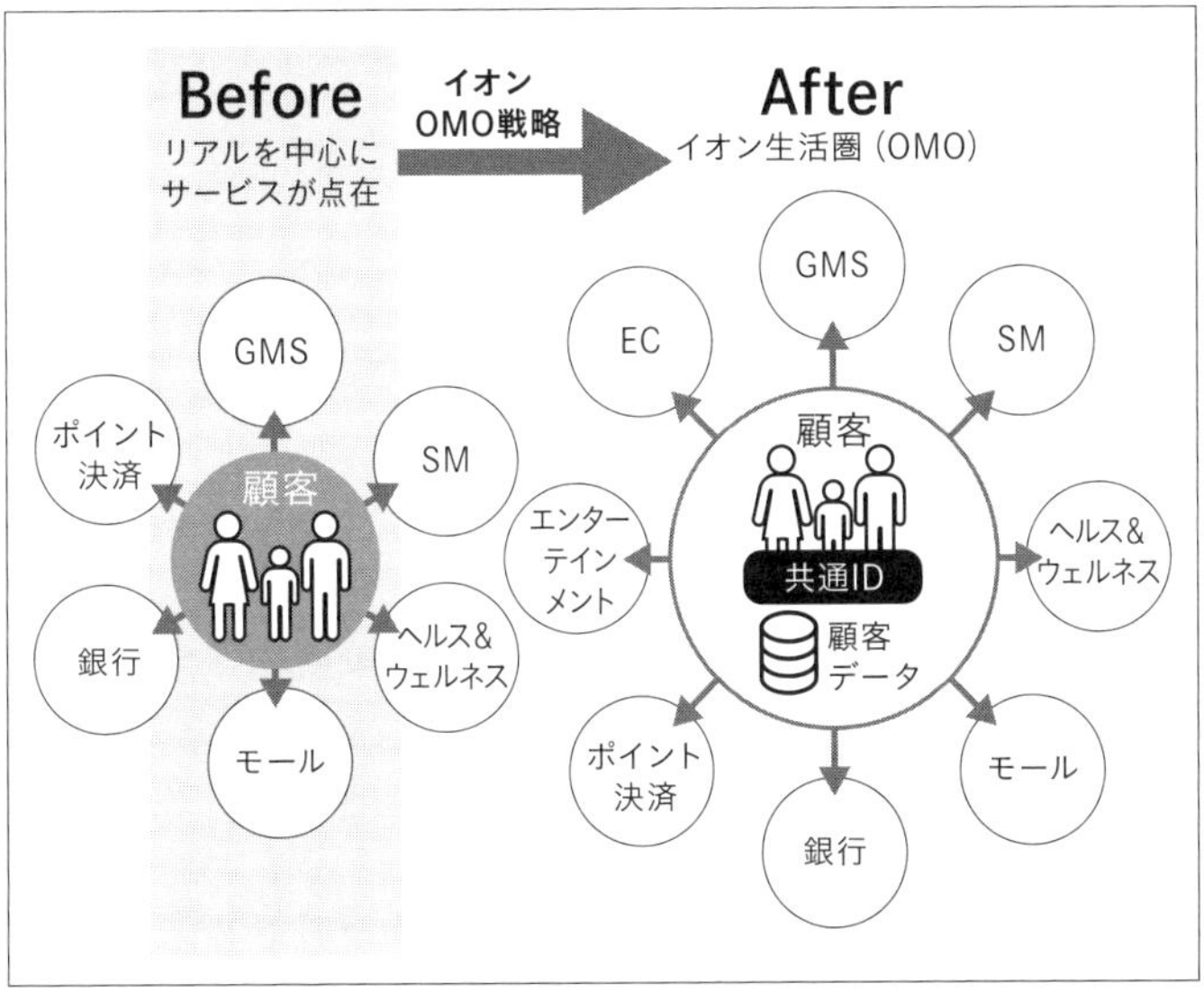

イオンはグループ共通の顧客IDを中心にあらゆるサービスをオンラインとオフラインを隔てることなく利用できる、「イオン生活圏」の構築を狙う

この新たなデータプラットフォームが完成すれば、グループ会社が目的に応じて必要なデータを取り出して活用できるようになる。マーケティングが目的であれば、マーケティングオートメーション（MA）やビジネスインテリジェンス（BI）ツールなどとの連係を可能にする。

例えば、会員情報などのデモグラフィックデータ、過去の購買履歴、Webサイトの利用ログなどで顧客を抽出して、対象層にメールを配信するといった施策がグループ横断のデータを活用して実行可能になる。

「日本企業に共通する課題だが、ビッグデータを活用目的に応じたスモールデータに変換できる仕組みを

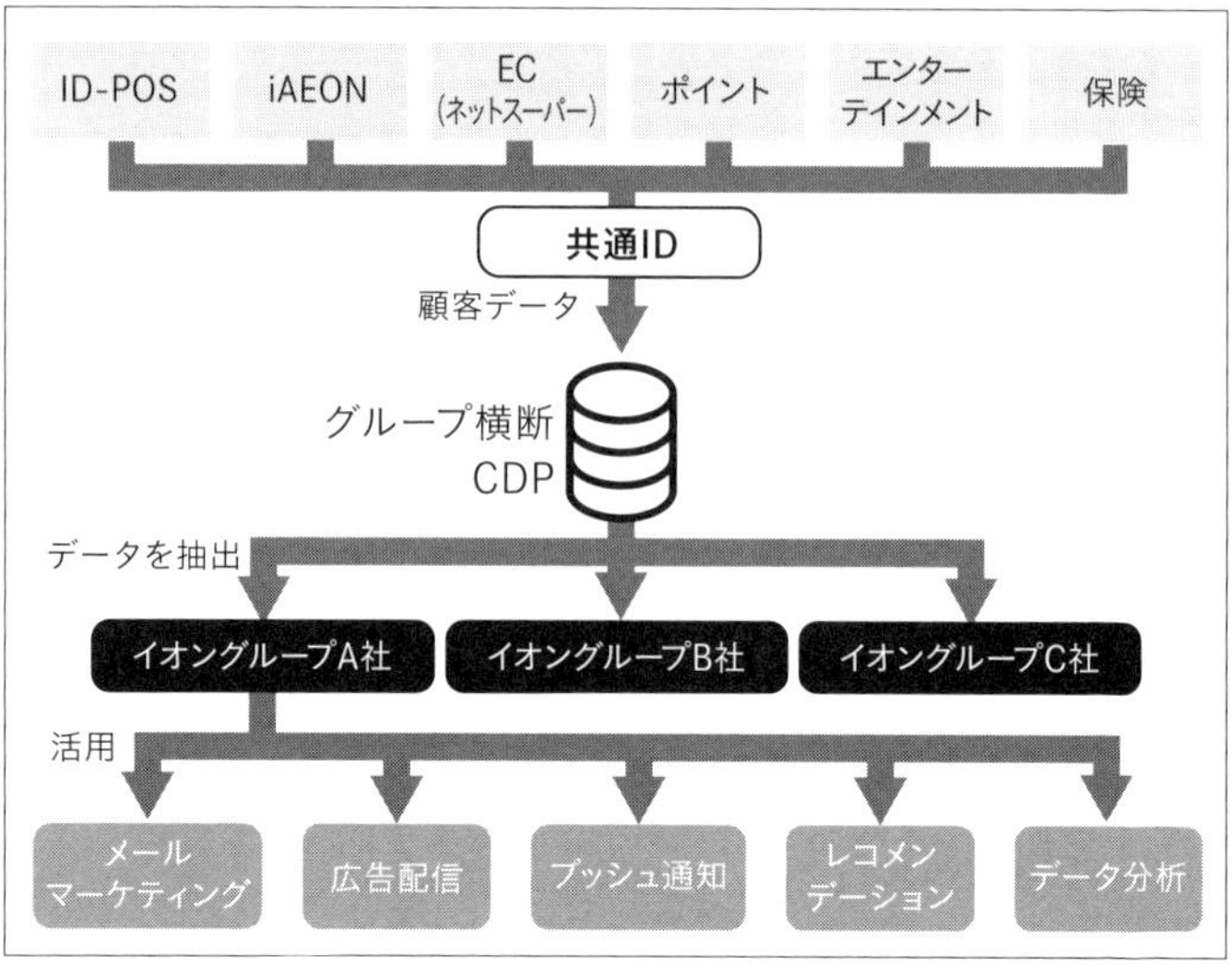

イオンはID統合と並行して、グループ横断のCDP（カスタマー・データ・プラットフォーム）を開発中。23年内には稼働を開始する予定。グループ会社は自由にデータを抽出して、マーケティング施策などに活用可能になる

持っていなかった」（羽生氏）。データのフォーマットもばらばらで、標準化されていないことがデータ活用が進みにくい大きな要因だ。これを標準化することで、「イオングループの重要なデータを一カ所に蓄積した共通の基幹システムとして、グループ会社間で自由にデータを取り出せるようになる」と羽生氏は説明する。活用目的に応じて、データの行き来をしやすくするため、マーケティングツールなどとの連係を進めていく方針だ。

また、データの一元管理が可能になれば、自社だけでなく取引先であるメーカーなどの第三者もマーケティングに活用できる新たなサービスの構築も期待できる。それがリテールメディアというわけだ。顧客のデータプラットフォーム、商品のデータプラッ

トフォームをグループ横断で活用できるインフラは整いつつある。これをいかにして、ＣＸへと転換していくかが、イオンのＤＸの肝となる。その先には全社横断型リテールメディア実現の可能性が広がっているのだ。

第4章

加速するサイネージ型リテールメディア

先行するデジタルサイネージ活用では成功例も登場

第3章では小売企業の持つ膨大な購買データを活用した、新たなデジタル広告のプラットフォーム開発の取り組みを解説してきた。だが、そうした仕組みを開発するには高い技術力が必要になる。それと比較して、リテールメディアに参入するうえで、比較的ハードルが低いのが店舗内に設置したデジタルサイネージを活用する方法だ。

小売企業の店舗は販売促進を目指したポスターの掲示や棚に設置したPOPなど、もともとメディアとしての側面を持っていた。これをさらに推し進めるのがデジタルサイネージの活用である。ここに強力に投資をしているのがコンビニエンスストア大手のファミリーマートだ。店舗に設置したデジタルサイネージ「FamilyMart Vision（ファミリーマートビジョン）」を軸に、〝店舗のメディア化〟を推し進めている。

ファミマは2019年以降、この領域へ集中的に投資を続けてきた。19年7月にバーコード決済を組み込んだ自社アプリ「ファミペイ」のサービスを開始したファミマデジタルワン（東京・港）に約200億円、購買データなどに基づいてデジタル広告を配信するデータ・ワン（東京・千代田、20年10月設立）に約50億円、ファミマ各店へのデジタルサイネージの設置とコンテンツ配信を手掛けるゲート・ワン（東京・港、21年9月設立）に約200億円と、「3年間で合わせて500億円近い金額を、他社に先駆けて投じた」（ファミリーマートの細見研介社長）。

その結果、ファミペイのダウンロード数は１５００万件（23年3月末）に達している。広告配信に利活用できる購買データは、小売業者が抱えるファースト・パーティー・データとしては国内最大級の３０００万件超に増えた。FamilyMart Visionを設置した店舗は４６００店（23年6月末）となり、年内には1万店に達する予定だ。

そうしてリテールメディア戦略を推し進めるための布石を打ったファミマは、リテールメディアの効果を検証するため、23年に入ってからタッチポイントとなるメディアを連動させた「売り場連動企画（キャンペーン）」を連打している。

サイネージとPOPの連動で売り上げ11％アップ

第1弾は、23年3月21日〜4月3日にコカ・コーラ ボトラーズジャパン（ＣＣＢＪ、東京・港）と実施した日本コカ・コーラ（東京・渋谷）のコーヒー「ジョージア」ブランドの店頭プロモーション。ファミリーマー

デジタルサイネージに配信されたコーヒー「ジョージア」の動画。「シズル感」たっぷりの動画で、視聴した顧客の多くに「飲みたい」と感じさせた

ト店頭で展開したPOP中心の販促施策に、デジタルサイネージを連動させて動画を配信した。

その結果、デジタルサイネージ未設置店に比べて設置店のほうが、ジョージアの売り上げが11%増えた。「デジタルサイネージを連動させることで、顧客を購買に向けてさらに踏み込ませることができると分かった」とゲート・ワン取締役COO（最高執行責任者）の速水大剛氏は語る。

デジタルサイネージを連動させるとなぜ売り上げが増えるのか。速水氏はその理由を2つ挙げる。

1つは顧客に商品を認知してもらうだけでなく、「おいしそう」「飲みたい」と思わせるには、「静止画よりも動画のほうが、効果が高いから」（速水氏）。もう1つは、デジタルサイネージに寄せる顧客の期待に関係する。22年8月に実施した調査によれば、顧客が店内のデジタルサイネージで最も見たい内容は「お薦めの商品」についての情報だった。すなわちデジタルサイネージで商品の情報を配信すれば、「店舗全体でこの商品をお薦めしているという印象を多くの顧客が抱き、購買へとつながる可能性が高い」（速水氏）というわけだ。

また、POP中心の販促施策とデジタルサイネージを連動させたことで、キャンペーン対象商品の売り上げ増以外にも、別の大きな効果が3つ確認できたという。

キャンペーン後も売り上げ増が継続

1つ目は、デジタルサイネージと連動させることで、「キャンペーン後も継続して売り上げ増の効果が認められた」ことだ。

通常のキャンペーンだと、期間中は対象商品の売り上げが増加しても、キャンペーン終了とほぼ同時に、売り上げがキャンペーン実施前の水準に戻ってしまったり、下回ってしまったりすることが珍しくない。しかし、今回、キャンペーン終了後2週間を経過した時点でも、デジタルサイネージ未設置店に比べて設置店のほうが、ジョージアの販売本数は約9％高かった。しかもその購入者のうち6割以上が、キャンペーン期間中に1回以上ジョージアを購入していたという。

ファミリーマート デジタル・金融事業本部 デジタル事業部長の国立冬樹《こくりゅう》氏は、「デジタルサイネージをうまく使えば、キャンペーン期間中に動画を配信しているときはもちろん、その後も継続して商品を顧客に購買してもらえる可能性が高いことを示せた」と話す。

得られた別の効果の2つ目は、タッチポイントを連動させたキャンペーンを展開することで、対象商品だけでなく、「対象商品を含むカテゴリー全体の売り上げも増えた」ことだ。今回のキャンペーン期間中、ファミマ全店におけるコーヒーカテゴリー全体の売り上げは、前年同期比で17％増えたのだ。市場が停滞気味のコーヒーカテゴリーにかかわるメーカーや店にとって、カテゴリー全体の拡大は朗報だろう。

速水氏は「『ジョージア』をおいしそうに飲む動画をデジタルサイネージで見たことで、コーヒーを飲みたいと感じ、購買した顧客が多かったのだと思う。動画を見せることで、対象商品を含む『パイ（＝市場）』全体を膨らます可能性のあることが分かった」と言う。今後は、対象商品の売り上げを特に伸ばしつつ、その商品を含むカテゴリー全体の底上げを図るような施策を模索するという。

得られた別の効果の3つ目は、「新規顧客の獲得」だ。今回のキャンペーン期間中にジョージアを購買した顧客の約50％が、「これまで『ジョージア』を購買したことのない新規顧客だった」（速水氏）という。

メーカーにとって、顧客を絞って広告を配信し、態度変容を促す施策は、費用対効果が高いとされる。だが、やり過ぎると同一の人に類似の広告が次々と配信され、メーカーの思惑とは逆の効果をもたらしかねない。そうならないためにも、メーカーにとって新規顧客の獲得は大きな課題である。今回のキャンペーンは、店頭の販促施策とデジタルサイネージを連動させることで、「新規顧客までも獲得できる可能性が高いことを示せた」（速水氏）のである。

販売施策やサイネージとアプリ内バナー広告を連動

23年4月25日～5月8日には、タッチポイントとなるメディアを連動させた売り場連動企画（キャンペーン）

コカ・コーラ3種とファミチキのセットで100円を割引くキャンペーンを告知するデジタルサイネージの動画とアプリ「ファミペイ」内のバナー広告（右下）

の第2弾も実施した。日本コカ・コーラの「コカ・コーラ」ブランド（コカ・コーラ、コカ・コーラ ゼロ、コカ・コーラプラス）の飲料とファミリーマートの「ファミチキ」のセット販売プロモーションだ。コーラ3種のいずれかとファミチキを同時に購買した場合、100円を割り引く。第1弾からさらに商品訴求力を高めるべく、第2弾ではファミペイアプリ内のバナー広告とも連動させ、マーケティングを展開した。

その結果、キャンペーン期間中はファミチキとコカ・コーラの併買率が、施策前と比較すると全店ベースで約6〜7倍になった。また、デジタルサイネージ未設置店に比べて設置店のほうが、ファミチキとコカ・コーラ3種の売り上げが18％増えた。

さらに、店頭の販促施策、ファミペイアプリ内のバナー広告、デジタルサイネージの接触状況別で購買件数の上昇率を検証したところ、3つのタッチポイントのすべてに接触したグループの購買件数の上昇率が、どれにも接触しなかった顧客のグループと比べて268％と最も高い数値を示した。

店頭の販促施策、デジタルサイネージ、アプリを連動させることで、「より効果的に商品訴求力を高めることが実証された」と国立氏は話す。

今後も、リテールメディアの効果を検証するため、ファミマは売り場連動企画（キャンペーン）を毎月のように連打していく計画だ。23年夏に実施するという第3弾以降は、店頭の販促施策、デジタルサイネージ、ファミペイアプリ内のバナー広告に加え、「YouTubeやLINE、スマートニュースといったデジタルメディアへ出稿するデジタル広告」と「FacebookやInstagramなどのSNS（交流サイト）」も連動させ、購買へとつなげる効果が高まるかを検証する。加えて、来店前や来店中の顧客だけでなく、来店後の顧客にも働きかけて再来店を促し、購買を積み増せるかどうかも検証していく考えだ。

「従来のマーケティングファネル（見込み客から成約へと徐々に人数が絞り込まれていくこと）の考え方は『認知』から始まって『購入』がゴールだった。これに対して私たちは、店頭の販促施策やサイネージ、アプリ、デジタル広告、SNSといった5つの〝顧客との接点〟、つまりタッチポイントをまずはフル活用し、購入前はもちろん購入後も顧客に働きかけて、再度の購買やクロスセルによる売り上げの向上、そして顧客のロイヤルティー化も狙っていく」と国立氏は語る。

「私たちが進めるリテールメディア戦略の根底にあるのは、店舗の再定義。店舗を再定義し、デジタルを取り込み、顧客といつでもどこでもつながることのできる『カスタマーリンクプラットフォーム』として構築していく」と細見社長は意欲的だ。

サッドラもサイネージ広告サービスを展開

北海道を中心に約200店舗を展開するサッポロドラッグストアー（サッドラ、札幌市）も、22年3月から店内に設置したAIカメラ搭載のデジタルサイネージを活用した広告事業に取り組み始めた。同社は、ネット広告大手のサイバーエージェントやAIカメラの技術を持つAWL（アウル、東京・千代田）と組み、20年3月から実証実験を繰り返してきた。そこでPDCA（計画・実行・評価・改善）サイクルを回し、ある程度の精度を担保できたことから、22年3月にデジタルサイネージで取引先メーカーの商品を訴求する広告プラン「Satudora InStore Ads（サツドラ・インストア・アド）」の提供を始めた。

北海道を中心に約200店舗を展開するサッポロドラッグストアーは22年3月から、店内のAI（人工知能）カメラを搭載したデジタルサイネージへの広告配信サービスを開始した

現在の対象店舗は20店。店舗の規模に応じてAIカメラ搭載デジタルサイネージを5～14台導入しており、最大で計167台に広告配信する仕組みを整えている。22年秋以降はさらに20～40店を追加する予定で、まずは「サービス開始から1年（23年3月末）で100ブランドの広告獲得が目標」（サッポロドラッグストアー商品部デジタルマーケティング推進担当の山本剛司氏）だ。

Satudora InStore Adsの広告メニューは、1カ月の掲載期間で40万円からが基本プラン。配信期間や店舗数、表示回数によって異なるが、複数のプランを用意している。また、今後はAIカメラで計測した実視聴回数ベースでの広告プランも提供可能という。

広告配信枠を取引先メーカーに販売したところ、22年6月末までの4カ月で26ブランドが出稿した。健康食品や飲料、ビールから洗剤、ヘアケアなどの日用品、医薬品メーカーまで幅広い。例えば、あるエナジードリンクの広告をサイネージに流したところ、「(広告なしの) 普段より約1・5倍販売数を伸ばせた」(山本氏) といい、着々と成果を出している。その背景には、同社が収集する独自データがある。

サイネージ広告で見えた3つのポイントとは

まず大きいのが、サツドラはAIカメラの活用により、顧客の店内行動の理解を深めてきたことだ。同社は20年6月に開店した北8条店 (札幌市) を先端店舗として84台のAIカメラと41台のデジタルサイネージを設置するなど、AIカメラの導入を進めてきた。

これにより、各店舗の来店客数や性別、推定年齢、どの売り場でどれだけ滞在し、どの商品を手に取ったかなど、独自の店内行動データを個人が識別できない形で収集。これらのデータとID-POSなどの購買情報との相関を分析してきた。

この結果をサイネージの広告運用にも生かしている。まず広告を出稿する商品を買ってくれそうな顧客が多く来店している時間帯を大まかに割り出す。ビールでいえば、午前中よりも夕方以降、ベビー用品なら子連れ客の多い時間帯といった具合だ。これを基に全時間帯で一定数配信されている広告の配分を調整し、さらに実際どんな人にどれだけ見られているかをサイネージに搭載したAIカメラで測定。より見込み客の視聴数が多い時間帯を細かく絞り込み、対象となる広告の表示回数を増やしている。

一日中、同じコンテンツを決まった順番でループ再生するのではなく、刻々と変わる客層に合わせた最適化を試みているということだ。また、「商品に期待される効果や価格など、1商品に対して訴求する広告クリエイティブは2~4パターン用意しており、それぞれの『効果の差』も検証している」(山本氏)という。

流す広告クリエイティブは1商品10秒の短いものだ。AIカメラはサイネージの前を通過するか、立ち止まって見ている人の目線を捕捉し、広告が3秒以上見られていれば「1視聴」とカウントする。「1視聴の定義も実証実験を重ねた結果。(広告をフルで視聴する)10秒以上や5秒以上など、さまざまなパターンで検証し、売上げとの相関を確認できる『3秒以上』に設定した」(山本氏)。

現状は、こうして集めたサイネージ広告の実視聴データと、ID-POSによる購買データなどを突き合わせ、広告を流した時間帯と広告商品の購買時間帯が近いかどうかを集計し、広告効果のエビデンスとしている。その結果が、先述したエナジードリンクのような販売数アップの実績だ。他にも特定保健用食品（特保）などで優位に効果が表れているという。見えてきたのは3つのポイントだ。

1つ目は、サイネージ広告は「『ついで買い』を誘う有力な〝武器〟になる」こと。顕著な成果が出ている飲料ジャンルは、それを目的として店舗を訪れているのではなく、店頭で広告を見て手を出しやすい、あるいはブランドスイッチが起きやすい商品群といえる。「非計画購買を伸ばせるのは店頭販促の重要な役割であり、理想的な流れ」と山本氏は話す。

そして2つ目は、サイネージ広告で「必ずしも価格訴求をしなくても単価の高い商品を売り伸ばせる」ことだ。特保やエナジードリンクなどが定価で売れれば、サツドラにとっては客単価や粗利の向上につながるし、メーカーにとっても広告出稿のメリットが大きくなる。

それに関連して3つ目は、「特定保健用食品（特保）などの機能性商品は丁寧に説明しないと買ってもらえないという思い込みがあった」（山本氏）という。これまではしっかりと情報を届けるために別途YouTube動画を作成するなど、一般の商品とは販促手法を分けて考えてきた。それが、「たった10秒のサイネージ広告でも背中を押せることが分かったのは驚きだった」（山本氏）。

ただし、今後、サイネージ広告の対応店舗を増やしていくに当たっては、まだ課題もある。1つは、広告効果をより精緻に見定めることだ。例えば、サイネージ広告を見た来店客に対して専用のIDを付与し、その人が実際にその商品を手に取ったか、かごに入れたか、レジを通過したかどうかなど、店内の行動過程をAIカメラで捕捉していく。こうしたサイネージ広告の視聴から実際の購入を高い確度で判断する実証実験をすでに行っている。

もちろん、AIカメラで読み取った来店客の情報は会員IDとひも付けせず、顔画像データも保持しない仕組みを取っており、プライバシーへの配慮も行う。また、サイネージ広告へ掲載したQRコードをサツドラ公式アプリで読み取ると、その場で使えるクーポンが配信され、クーポンの使用の有無で購入を検知する仕組みも考えているという。

サイネージ広告自体の効果を上げる取り組みとしては、AIカメラが来店客を検知して商品棚の前にいるタイミングで広告クリエイティブの冒頭から再生する「立ち寄り配信」や、AIカメラでリアルタイムに判定した来店客の属性に応じて適した広告を出し分ける機能も開発済みだ。

前者は実証実験で来店客の滞在率が約10％向上する結果を得ており、一部の店舗の入り口に設置したサイネージで実装しているという。後者については、「広告出し分けの精度は十分担保されているので、今後、（出し分けできるほど）広告在庫が潤沢になった段階で導入していきたい」（山本氏）と話す。

新たに「サツドラID」への統合を検討

サツドラはサイネージ広告の展開と並行して、店舗やEC、歩数計アプリの「サツドラウォーク」などでバラバラだった顧客IDを統合するプロジェクトを検討している。これまで活用してきたグループ会社のリージョナルマーケティングが展開する北海道共通ポイントカードの「EZOCA（エゾカ）」などとは別に、新たに自社の「サツドラID」を軸として各サービスを連係する計画。オンラインとオフラインをつなげて顧客理解を深めながら、マーケティングの打ち手を増やす狙いだ。

その第1弾として、サイバーエージェントと開発し、サツドラ公式アプリを22年1月に提供開始。店舗でのデジタル会員証やクーポン利用、チラシ・広告閲覧など、アプリをキーとした顧客の行動をサツドラIDで把握できるようにしている。助走期間の現在は、まだ積極的にアプリのダウンロードキャンペーンを行っていな

22年1月に「サツドラ公式アプリ」を開始。将来的にID統合をもくろむ

いが、「今後数年で100万人規模を目指す」（サッポロドラッグストアーCDO兼営業企画部マーケティング担当マネジャーの坂本武史氏）という。

こうしたサツドラで先行して進むマーケティング基盤の整備から、AIカメラやサイネージなどの活用、広告事業の展開までを丸ごとパッケージ化し、他の小売事業者に提供する取り組みも進んでいる。サイバーエージェント、AWLと共同開発した「リテールコネクト」がそれに当たり、Satudora InStore Adsもその一環だ。「広告収入として新しい収益源をつくりたいという中小の小売事業者は多く、そうした企業に提案していきたい」（サイバーエージェントの藤田氏）。

ドラッグストアやスーパーなどは、全国展開の強力な大手企業がいる一方で、地元密着の地域チェーンも多く存在する。広告出稿の観点で見れば、すでに巨大な顧客ＩＤ経済圏を築いている大手のほうが魅力的に映るし、広告事業を新たな収益源としたい中小の小売事業者側にとっても継続的に広告を集めてくるのは荷が重い。そもそも、デジタル化を推進できる人材に乏しいのが現実だ。

そうした地域チェーンの課題に対し、それぞれをまとめて数千店規模の広告ネットワーク化を目指すことで、価値を高めていくのがリテールコネクトの構想だ。これが実現すれば、地域チェーンも全国規模の広告キャンペーンなどの受け皿となり得る。大手企業が進めるリテールメディアの対抗軸に育つかに注目だ。

小売店内との境目「スイングドア」にサイネージ広告

スーパーなど小売店の店舗部とバックヤードの境に設置される「スイングドア」の製造・販売大手であるユニフロー（東京・品川）が23年5月8日から、世界で初めてサイネージ一体型スイングドアを販売し始めた。導入する小売業者は、商品棚の横に位置しながらこれまで来店客に何の影響も与えなかったスイングドアのスペースを、新たに販促や広告へと活用できる。

その特徴は主に3つある。1つ目は、「デッドスペースの有効活用」だ。通常のスイングドアは大抵、商品棚の横に位置するにもかかわらず、来店客から注目を浴びることはまずない。だが、サイネージスイングドアに交換すれば、来店客の多くの目線と同じ高さにサイネージが設置され、新たな販促や広告が可能になる。導入する小売業者が用意するのは、AC100Vコンセント2口とWi-Fi環境だけだ。

2つ目は、「高い耐久性」。もともとスイングドアは、従業員が押している台車ごとドアにぶつかって開閉するような使い方が普通。それでもメンテナンスなしで長期間の使用に耐えなければならない。年間約3万5000枚ものスイングドアを販売する大手のユニフローは、今回のサイネージスイングドアでも、「繰り返し50万回」の開閉耐久テストを実施し、ドアはもちろんサイネージも、通常のスイングドア同様の耐久性を保持していることを確かめた。店側は安心してサイネージスイングドアを導入できる。

3つ目は、「コンテンツの制作が不要」だ。導入する小売業者はサイネージに配信するコンテンツや販促物、広告などをすべて用意する必要がない。販促については、独自に使用可能な配信枠をユニフローが小売業者に提供するため、店舗独自のPOPや販促動画の配信ができるほか、小売業者がメーカーと直接交渉して、メーカーの販促動画を配信することで、商品の売り上げ増や中小の小売業者では難しかった販促収入の獲得も可能となる。

だが、それだけではサイネージの配信枠がすべて埋まらない可能性も高い。そこでユニフローは今回、MADS（エムエーディィーエス、旧マイクロアドデジタルサイネージ、東京・渋谷）と契約し、MADSが提供するデジタルサイネージ広告プラットフォーム「MONOLITHS（モノリス）」をサイネージスイングドアに導入した。そのため、小売業者がMONOLITHS経由でユニフローのオリジナルコンテンツをサイネージに配信設定できるほか、MONOLITHS経由で、広告会社が集めてきた広告も配信可能な仕組みとなっている。

ユニフローはサイネージスイングドアの販売開始に当たり、千葉、神奈川、大阪、岐阜にあるスーパー4店舗で、事前にサイネージスイングドアの実証実験を実施。サイネージスイングドア設置前後の1カ月間で比較し、商品の販促効果を検証した。

すると、オリジナルコンテンツの1つであるレシピ動画で扱った鍋つゆ関連商品のPI値（レジ通過客1000人当たりの販売数量）が、4店舗すべてで、設置後のほうが増加した。最大で93％、最小でも12％の売り上げアップが見られたという。サイネージで扱った商品の店頭での販促効果はありそうだといえる。

ユニフローは、今回のサイネージスイングドアの販売により、スイングドアのハードの販売収入に加え、小

ユニフローは23年5月8日から世界初のサイネージ一体型スイングドア「サイネージスイングドア」を販売し始めた

売業者からシステム利用料（月額）とオリジナルコンテンツ配信料（月額）を得られ、かつ広告が配信された場合は広告料の一部も手にすることができる。一方、導入した小売業者は、ドアの初期購入費と月額の利用料などを負担しつつ、メーカーとの交渉で得られた販促収入や広告収入、それに店舗の売り上げ増という〝果実〟を得られるもくろみだ。

これまで販売代理店経由でスイングドアの多くを売ってきたユニフローだが、今回のサイネージスイングドアを契機に今後は直販の比率を増やし、顧客（導入企業）の声をより多く聞く体制を社内に構築していく考え。導入企業の声を聞きながら、「スーパーや小売店だけでなく、飲食店やドラッグストア、コンビニエンスストア、医療施設などへも、サイネージスイングドアの展開を視野に入れていく」（ユニフローコミュニケーションデザイン室の石橋英未佳氏）という。販売目標は「初年度30枚、３年で２７０枚」（石橋氏）を掲げている。

第5章

先行くECプラットフォームの広告事業

進化するAmazon、楽天の広告サービス

これまで急成長してきたデジタル広告プラットフォームの雲行きが怪しい。新型コロナウイルス禍という〝特需〟が終わりを迎えようとする中、業績が振るわない。2023年4月25日の米グーグルの持ち株会社である米アルファベットの23年第1四半期（23年1～3月）決算発表では、主力の広告全体は0・2％減の545億4800万ドル（約8兆2000億円）となった。

動画広告プラットフォームのYouTubeの広告売上高が約2・6％減と3四半期連続で減少したことが大きな要因だ。デジタル広告支援会社の電通デジタルの瀧本恒社長は「この3年間の間にデジタル広告市場の伸び率が少しずつ鈍化しているのは事実だ」と言う。

日本国内でも、事業成長の鈍化を理由に大手広告プラットフォームに大きな動きが見られる。Zホールディングス（ZHD）、ヤフー、LINEの3社は23年10月に合併した。「22年度後半に入り、急速に市場環境が悪化。業績をけん引してきた広告では、収益が急激に減退」（ZHD）したことがその理由。「広告商品としての競争力の低下も（広告収益悪化の）一因となりつつある」（同）と危機感は強い。

既存の広告プラットフォームの成長が鈍化する一方で、台風の目となっているのが米アマゾン・ドット・コムが手掛ける広告サービス「Amazon広告」だ。アマゾンの22年の年間広告売上高は377億3900万ドル（約5兆6000億円）で、前年から21・1％増と引き続き好調。EC事業者ならではの独自性の強いデータを用いた広告サービスの展開で、急速に広告市場での存在感が高まっている。先行する米グーグルや米メタを猛追する。

日本でもECサイト「Amazon.co.jp（以下、Amazon）」が多くの企業にとって既存の小売業と並ぶ重要な販売チャネルとして規模が拡大するにつれ、メーカーなどがAmazonでの販売を拡大するための広告活用を活発化させている。

電通デジタルはAmazon専門チームを設置

急速に需要が高まるAmazon広告の活用支援の体制を底上げするため、電通デジタルは「Amazonルーム」と呼ばれる専門チームを設置。18年1月の設置時点では5～6人が所属するだけだったが、この5年で30人を超える規模にまで拡大した。「広告商品の販売を始めてから、毎年、取扱高は上昇している。他のプラットフォームは伸び率が頭打ちになりつつある中、肌感覚では1・5倍のスピードで成長している。こうした中、Amazon広告支援への人的なリソースの投下が加速している」と電通デジタルのコマース部門Amazonルーム第1グループ志賀靖氏は説明する。

それほどAmazon広告が脚光を浴びているのは、リテールメディアの本命として注目度が高いからだ。近年、日本国内でも新たな広告市場として関心が高まっているリテールメディアだが、日米では市場の趣がやや異なることは第2章で解説した。米国リテールメディアの主戦場はECだ。米ウォルマートや米ターゲットといった大手小売りもEC事業に投資を強化しており、そのECサイト上で広告事業を展開する。そのためAmazonとウォルマートなどの既存小売りの広告事業は、機能やサービスの特徴が極めて近い。

「Amazon広告がリテールメディアの本命」という表現に、やや違和感を持たれる読者もいるかもしれないが、日米の市場の違いにあることをご理解いただきたい。むしろ、ECという強力な武器を持ち、売り場直結型の広告プラットフォームであるアマゾンは、日本の小売企業よりも収益性の高いリテールメディアをすでに実現できていると言える。日本の小売企業が手掛けるリテールメディアにとっても、将来的にECは欠かせない。アマゾンに学ぶことは多い。

また、広告が売り上げと直接的に結びつきやすく、広告効果が明快だからこそ、広告主の投資を促しやすい傾向にある。Amazonで商品を販売する企業は、Amazon広告の仕組みを理解することで、より成果に結びつきやすくなる。まずはAmazon広告の強みを2つに分解して解説していこう。

「Amazon広告」に2つの強み

デジタル広告サービスの開発には「広告の配信面」と「広告配信の仕組み」の両方を備えている必要がある。まず、ECサイトがそのまま広告の配信面になるのはEC事業が本業であるAmazonの強みだ。Amazonのトップページはもちろん、Amazon内での検索結果一覧や商品ページ、決済完了画面など、さまざまな箇所に広告枠を設けている。さらに動画配信サービス「Prime Video（プライムビデオ）」や、買収したゲーム動画サービス「Twitch（ツイッチ）」など、動画広告の配信面の開発にも積極的に投資をしている。

「認知・（商品の）発見から、運用型、リマーケティング（追従型）などのパフォーマンス広告までを組み合わせた（Amazonの）広告戦略が、長期的に（広告主の）ブランドに大きな効果をもたらすケースが増えている」と米アマゾン・ドット・コムのグローバル広告営業担当副社長であるアラン・モス氏は説明する。

広告在庫も潤沢だ。デジタル広告の在庫は、利用者のアクセスごとに発生する。検索キーワードに連動して広告を表示する「検索連動型広告」はその代表例。多数の利用者を抱え、頻繁に検索行動が行われなければ、広告の表示回数は少なくなる。その観点では、Ａｍａｚｏｎの利用者はすでに主要な広告プラットフォームと比肩する規模になっている。

ネットの利用動向データ事業のニールセンデジタル（東京・港）が提供する、モバイル端末でのサービス利用データ「ニールセン・モバイル・ネットビュー」によれば、国内のＡｍａｚｏｎの月間利用者数は約６３８８万人（22年12月時点）。その規模は国内では「Ｔｗｉｔｔｅｒ（現X）」や「Ｉｎｓｔａｇｒａｍ」といった主要なＳＮＳよりも多い。それだけの利用者を抱えているため、メディアとしての力は先行するデジタル広告プラットフォームとそん色がない。だからこそ十分な広告在庫を確保できる。

そして、小売りが手掛けるサービスとして、もう1つの重要なポイントが「購買データ」だ。「広告配信の仕組み」自体は技術の汎用性が高く、プラットフォーム間の競争力にはなりにくい。競争優位性は広告配信に使える独自性の強い顧客データと、広告主の成果に結びつきやすいように広告配信を最適化するアルゴリズムによって決まる。「Ａｍａｚｏｎ広告を利用することで、ブランド（広告主）は購入履歴や閲覧行動など、数十億の顧客インサイトデータを用いて販売を促進できる」（モス氏）のが強みだ。

そうした独自性の強いデータを基に、配信のアルゴリズムにも磨きをかける。Amazon広告には広告予算を設定するだけで、AIが商品ページの情報に基づき、売り上げ増加が期待できそうな検索キーワードに広告を入稿し、最適化する「オートターゲティング」という仕組みがある。膨大な購買データと購入に至るまでの利用者動向を蓄積しているAmazonだからこそ、購買に結びつきやすい広告配信の自動最適化のアルゴリズムを組み立てられる。

IoT製品を中心としたスマート家電ブランド「+Style（プラススタイル）」を展開し、Amazonで販売するBBソフトサービス（東京・港）プラススタイル事業本部販売推進部の川茂昌平氏は「Amazon広告のオートターゲティングは特に活用の序盤で重要になる」と言う。ただ、オートターゲティングも万能ではないため、より効果を出すためには人間が介在することも重要だ。

Amazon広告のメニューを総ざらいで徹底解説

ここからはアマゾンが提供する広告商品を詳しく解説していく。リテールメディアの広告商品の開発などに、参考になるはずだ。

Amazon広告は大きく3つの方法で出稿することになる。「検索連動型広告」「商品連動型広告」「データ連動型広告」の3つだ。主に前者の2つがAmazon内での広告配信、後者はAmazon外での配信、つまりAmazonのデータを用いた、外部の広告枠への配信に活用することが多い。

まず、検索連動型広告では「スポンサープロダクト広告」と「スポンサーブランド広告」という2つのメニューが主な広告商品となる。いずれも、Amazon内での検索結果一覧ページに表示される。Amazonの検索フォームに商品名や商品カテゴリーなどを入力して検索すると、対象となる商品一覧が表示される。このうち、「スポンサー」という表記がついている最初の4商品が広告だ。

Amazonスポンサープロダクト広告でキーワード広告を出稿する場合、販促したい商品に関連するキーワードを指定して、広告を出稿する。例えば、ビールであれば、「ビール」「酒」といったキーワードを指定して、広告の入札単価を設定する。Amazon利用者が対象のキーワードで検索したときに、そのキーワードに入札している広告主間で競争が行われ、上位の4商品が広告として表示される仕組みになっている。

そうした仕組み上、例えば「掃除機」などの検索ボリュームの大きい、いわゆる「ビッグワード」と呼ばれ

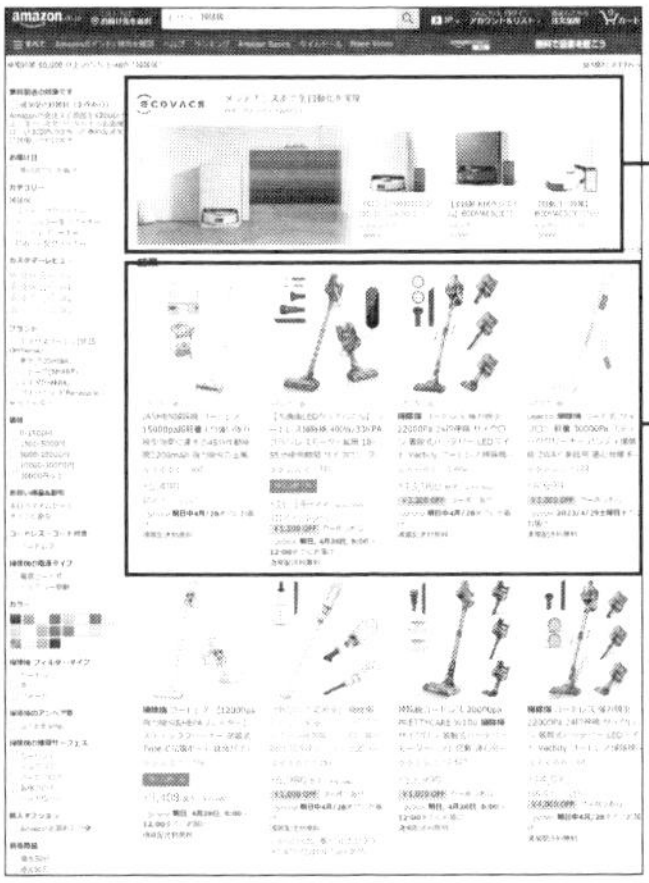

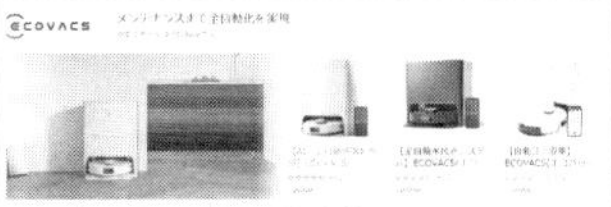

スポンサーブランド広告
検索連動型広告の一種。キャッチコピーやブランドの世界観を伝える画像・動画を合わせて表示可能

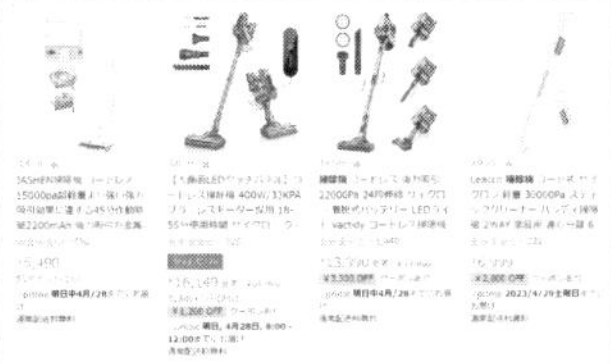

スポンサープロダクト広告
検索連動型広告の一種。出稿するキーワードを決めて、入札単価を設定する。広告クリエイティブは商品ページの情報を基に自動生成される

Amazon広告の検索連動型広告は目的に応じて、2種類の広告サービスを使い分けることができる

るキーワードは競争が激しくなる傾向にある。そのため、より商品の機能やカテゴリーを具体的に表す「掃除機　コードレス」「掃除機　１人暮らし」といった関連キーワードを組み合わせて出稿するのが一般的だ。また、広告配信の仕組み自体は「Ｇｏｏｇｌｅ」などの検索連動型広告と同様だが、配信ロジックに特徴がある。

人気ラーメン店「ＡＦＵＲＩ」をチェーン展開するＡＦＵＲＩ（神奈川県厚木市）は、スポンサープロダクト広告を活用する一社。同社は新型コロナウイルス禍の影響で店舗営業がままならない中、人気商品の「柚子塩らーめん」をはじめとした冷凍ラーメンのネット販売を始めた。Ａｍａｚｏｎも重要な販売チャネルの１つだ。スポンサープロダクト広告では「冷

凍ラーメン」「柚子塩」といった、ＡＦＵＲＩの商品が直接的に想起されるキーワードに加えて、例えば「とんこつ」「しょう油ラーメン」といった、一般名詞にも出稿することでＡｍａｚｏｎ利用者への商品認知度の拡大を狙う。

「Ａｍａｚｏｎできちんと売り上げを立てるなら、運を頼りにしない限り、広告運用は絶対条件としてやらなくてはいけないものだと認識している。広告で売れるきっかけを自分たちでつくらない限り、自社の商品を見つけ出してもらえる可能性はほとんどない」とＡＦＵＲＩの専務取締役EC事業責任者の平田展崇氏は話す。

もう一方の「スポンサーブランド広告」も同様に検索キーワードに連動して表示される広告だが、こちらは検索結果の最上部に一社独占で表示される広告サービス。スポンサープロダクト広告は商品ページにある商品名や価格、レビュー数などをそのまま広告クリエイティブに組み替えて配信するのに対して、スポンサーブランド広告は、任意の画像や動画と複数の商品を組み合わせられるのが特徴。新商品の認知拡大や、動画を活用した理解促進などを目的に活用されるケースが多い。

２つ目の商品連動型広告はＡｍａｚｏｎならではの広告だ。広告を出稿したい特定の商品を指定して、出稿する。前述のスポンサープロダクト広告や「スポンサーディスプレー広告」がこの出稿方法に該当する。広告の掲載

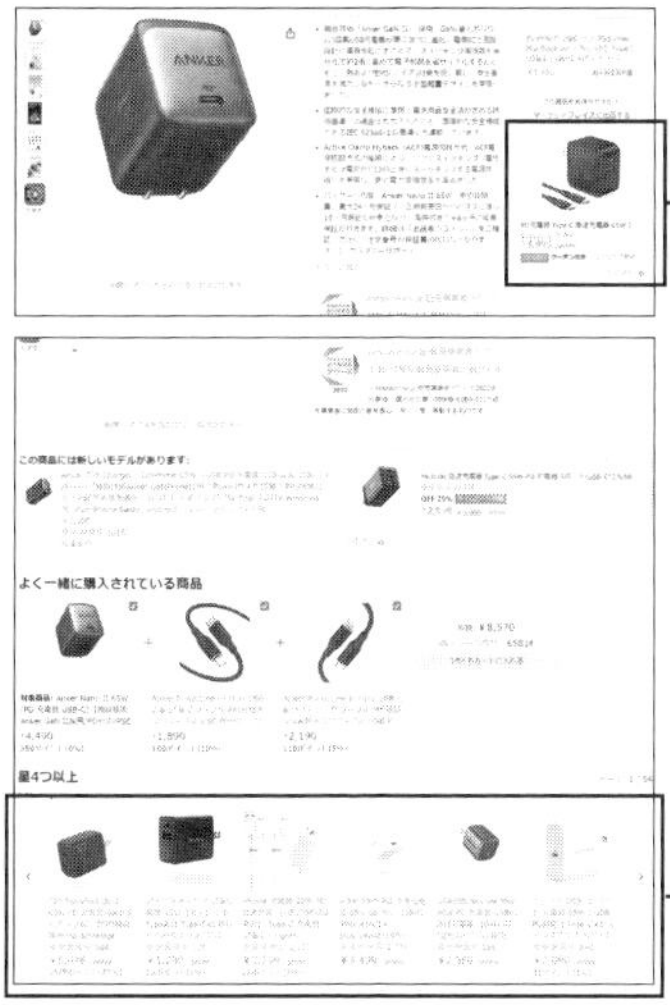

商品連動型広告はAmazon広告ならではのサービスだ。競合商品などを指定して、関連商品に広告として自社商品を掲載できる

スポンサープロダクト広告、
スポンサーディスプレー広告
Amazon内に表示されるディスプレー広告。対象商品を指定する。「ブランド分析」機能で、比較されやすい競合商品や合わせ買いされやすい自社商品などを指定して出稿する

面は商品ページのカートボタンの直下や、関連商品一覧となる。よく活用される方法としては、競合商品を狙う方法だ。自社商品と比較検討されやすい競合商品を指定して、広告を出稿する。

当然、そうした活用法は競合も実施してくる。そこで、自社の商品ページの広告枠を守るために、自社商品を指定して出稿することも、競合に狙われやすいトップブランドほど重要になる。攻守のバランスを求められるわけだ。

データ連動で出稿する広告は、スポンサーディスプレー広告と「Amazon DSP（デマンド・サイド・プラットフォーム）」が対象となる。いずれも、Amazonでの購買データや利用データを用いて、配

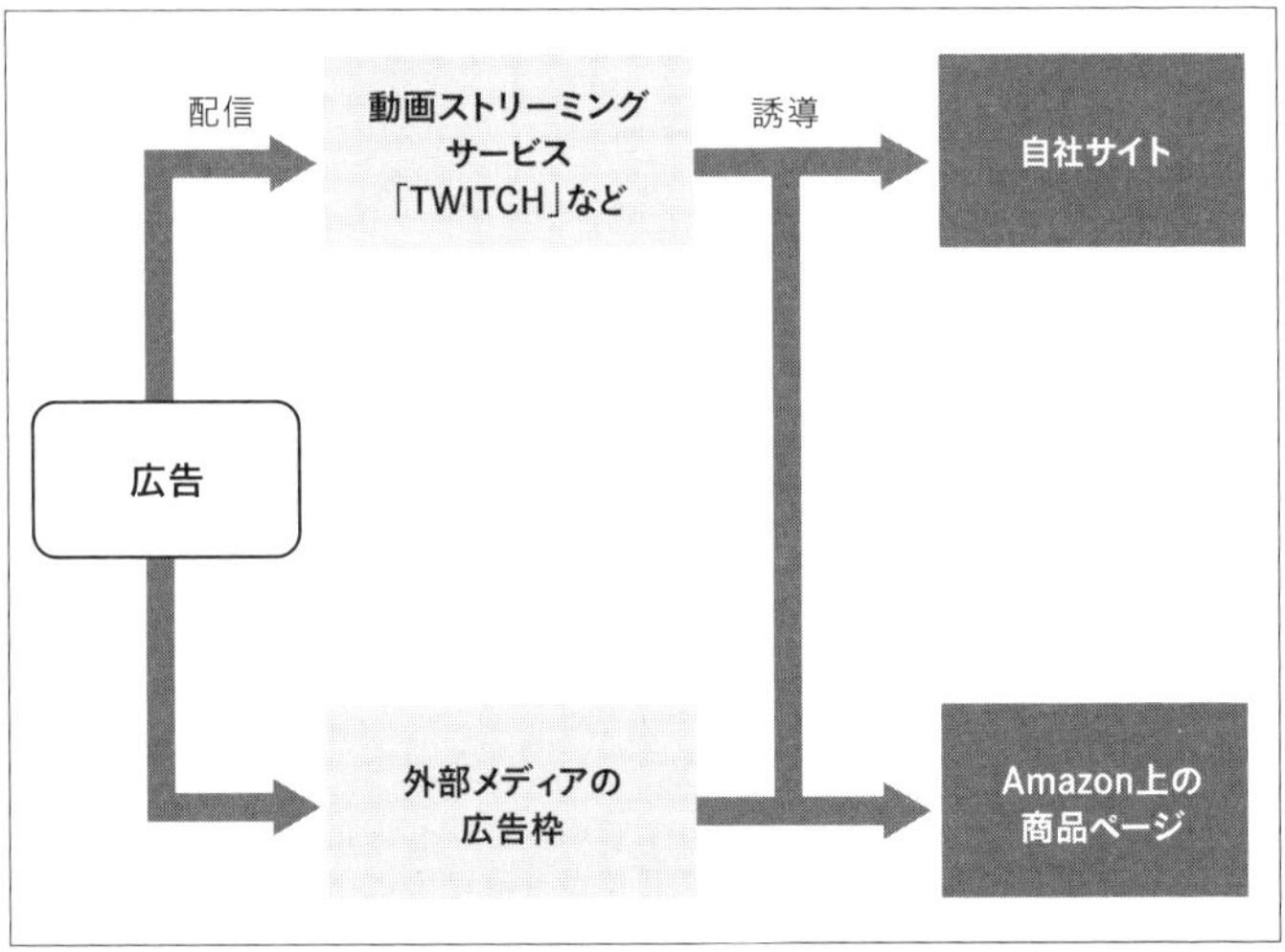

「Amazon DSP」は、Amazonの関連サービスや外部の広告枠に広告を配信できるサービス。一般的な広告ネットワークと同様の仕組みだが、Amazonのデータに基づいて配信できるのが特徴。最近は商品ページから離脱した人に対して、外部広告で再度アプローチするリターゲティング広告として活用されるケースが増加

信対象者を絞り込んだり、一度商品ページを訪問したものの、購入に至らなかった層に対してリターゲティング広告を配信したりできる。

最大の特徴は、システム連係する外部のメディアの広告枠に対しても、広告を配信できる点にある。Amazon外からAmazon内の商品ページや自社サイトへと集客できる広告サービスとなっている。例えば、日ごろから美容商品を購入している層に対してYouTubeで動画広告を配信したり、閲覧履歴のある商品を再訴求して購買を促したりできる。

ただし、Amazon内での広告配信ではないため、広告接触する層が必ずしも買い物をしたいマインドになっていない可能性もある。そのため、スポンサー

プロダクト広告やスポンサーブランド広告などの、Amazon内に配信される広告に比べて、直接的な購買にはつながりにくい可能性もある。家電ブランドを複数展開するアンカー・ジャパン（東京・千代田）は、セール時期に外部集客を強化するために活用するなど、用途を絞って利用する。そのように目的に応じて広告商品を柔軟に組み合わせて活用することが肝要だ。

楽天も広告事業の推進でアマゾンに対抗

日本のEC企業では楽天グループも広告事業を強化する。22年度の広告事業の売上高は前年度比15・9％増の１８３０億円と急成長している。23年度には２０００億円を目標に掲げる。ポイントでユーザーをひきつけ、脱クッキー後に変貌するネット広告業界でも楽天経済圏の拡大を目指す。

楽天は17年に電通との共同出資会社、楽天データマーケティング（東京・世田谷）を設立して広告事業を本格化した。18年に広告関連のサービスを「Rakuten Marketing Platform（RMP）」のブランドに統一。さらに、20年9月には楽天市場に出店していないメーカーでも、楽天市場に出稿できる新たな広告商品「RMP-Sales Expansion」の提供を始めた。

RMP-Sales Expansionは楽天市場内の検索結果画面に、検索キーワードの関連商品を広告として優先表示できる検索連動広告だ。「買い物意欲が高い人の検索行動に合わせて広告を表示するため、高い費用対効果が見込める」（楽天グループ）。

広告主となる企業は、広告対象の商品やキーワードを設定し、キーワードごとに入札金額を決める。利用者が対象のキーワードで検索したとき、検索画面に入札金額順で楽天市場の出店者が販売する対象商品を表示する。

楽天市場にはさまざまな事業者が出店しており、「メーカーから見たとき、中には残念ながら正規取扱店ではない出店者も含まれる。広告を使うことで、正規取扱店を支援できる利点もある」と楽天グループは説明する。そうした副次的な効果も含め、広告主からの評判は上々だ。RMP-Sales Expansionの企業導入数は21年1月から6月にかけて2・2倍に増加するなど、利用企業が増加している。

楽天は、EC事業の「楽天市場」や旅行予約の「楽天トラベル」などに加え、「楽天カード」「楽天ペイ」といった決済関連まで幅広くサービスを展開する。会員数は世界で1億人を超え、蓄積したデータを広告配信に活用できる強みがある。実際の購買データを持つため、ある商品の購入者と似た特徴を持つ層に広告を配信すれば購買に結びつきやすい。

「広告事業の屋台骨は楽天市場」（楽天グループ）だが、近年はオフラインとの連携も進めている。通常、デジタル広告はオフラインの行動にどれだけ結びついたか検証するのは難しい。一方、楽天市場で飲料の広告を見た顧客が楽天ポイントと連携した小売店でその飲料を購入すれば、広告効果を測定できる。

ポイント利用もAIで分析

「楽天経済圏」拡大の原動力となってきたのが、楽天ポイントだ。利用するサービスの数に応じてポイントの還元率が高まり、クロスユース（複数サービスの併用）を促進している。いかに顧客からデータ活用の許諾を得るかがカギとなるが、「楽天ポイントをフックとして顧客に許諾を得るスキームで、顧客にとってインセンティブが分かりやすい」（楽天グループ）と説明する。

こうして集めた大量のデータを効果的に分析し、広告効果を高める仕掛けも整備している。その1つがビッグデータを分析するAIの「Rakuten AIris（アイリス）」だ。ある商品を購入した人の属性や検索履歴などを920の項目に細分化して分析し、購入者の特徴を抽出する。似た特徴を持つ人に広告を配信することで、購入に結びつきやすくなる。

「ポイント利用傾向」という項目があり、独自性が出ている。ポイントの捉え方や使い方は人それぞれ異なる。ある程度たまったら普段買わないものをご褒美として買う顧客もいれば、日用品などに少しずつ使うユーザーもいる。ポイントの利用傾向も特徴の1つとして顧客の分析に盛り込んでいる。

他社の技術も積極的に取り入れる。19年にシンガポールのAI開発会社スクリームと新会社、楽天スクリーム（東京・世田谷）を設立し、20年から営業を開始した。スクリームは公開データを独自の手法で収集し、世界で30億人、45万通りの行動パターンに振り分けている。

人間では思いつきにくいセグメントの分け方ができるのが特徴だ。例えば、あるアパレルの顧客層を分析した際は「天文学」「旧車」「スケッチ」といった趣味を持つ可能性が高いことが判明し、その趣味を持つ人に広告を配信すると購入に結びつく割合が向上したという。

「（広告主にとって）IDのメジャーホルダーとして楽天グループが浮かぶはず」（楽天グループ）と自信を見せる。これから、ECやSNSなどプラットフォーマー間でのネット広告の主導権争いが激しくなる見通し。ポイントという独自の強みを持つ楽天グループは、リテールメディア市場でキープレーヤーの1つとなりそうだ。

BtoB向けECでもリテールメディア

ECサイトを活用した広告事業は何も大手プラットフォーマーだけのものではない。卸・仕入れに特化したBtoB（企業間取引）ECモール「NETSEA（ネッシー）」を運営するSynaBiz（東京・品川）は、自社ECサイトを広告媒体化するリテールメディア戦略を強化している。21年に新たなシステムを導入し、広告取引を自動化したことで、モール上のあらゆる検索行動の広告収益化が可能になった。

購買データとひも付いた配信で、効果も向上。早くも従来の広告と比較し、広告経由の購入率が7倍、SynaBizが得た広告収益は5・5倍になるなど、大幅な売り上げ増加につながっている。

NETSEAは、オンラインでサプライヤー（メーカー、問屋、卸売会社）と、バイヤー（小売店、ネットショップ、輸出業者）が商品を売買できるBtoBECモール。22年3月時点で、約4500社のサプライヤーが商品を販売し、約48万社のバイヤーが商品の仕入れを行っている。

NETSEAオークションを含む年間取引総額は、約100億円。モール内で取り扱われる商品が多いことから、サプライヤー間の競争力を高めるため13年頃から広告事業を展開してきたが、21年にリテールメディアに特化したサービスを導入。検索連動型広告の強化に乗り出した。購買データに基づく配信で、マッチング精度を向上させ、広告収益を最大化するのが狙いだ。

ＮＥＴＳＥＡは、利用者が検索窓に入力したキーワードに応じて、適した商品を広告として表示する「検索連動型広告」に、20年から取り組み始めた。新型コロナウイルス禍により対面での営業や仕入れが難しくなったことを受け、オンラインで取引が完結するＮＥＴＳＥＡを利用するサプライヤー、バイヤーともに急増したからだ。

だが、広告ニーズの増加につれ、徐々に従来の仕組みではその需要に応えきれなくなってきた。広告管理をすべて手動で行っていたのがその理由だ。

ＳｙｎａＢ・ｉｚではもともと、検索クエリー（バイヤーが検索窓に入力した単語、フレーズ、複合語など）からバイヤーのニーズを把握。それを基にＳｙｎａＢ・ｉｚの営業担当が広告枠を表示するキーワードを決めて、サプライヤー側に販売したり出稿主を決定したりするなど、キーワードの選定から運用まですべて手動で行っていた。見かけは検索連動型広告だが、実質的には枠売りと変わらなかった。出稿は３０００円からの入札形式となっており、一番高い金額で入札をしたサプライヤーが出稿枠を確保できるサービスとして展開していた。

属人的な運用では、広告事業の拡大に限界

新型コロナ禍での需要拡大を受け、広告収益はSynaBizの売り上げの2割を占める規模にまで成長したが、属人的な仕組みでは収益化に限界があった。人的リソースの問題で入札キーワードとして指定できるのが1カ月当たり100個までという制限があったため、ニーズはあっても入札対象から外れてしまうキーワードが出始めたのだ。

例えばNETSEAでは、オフィスで利用される什器《じゅうき》や、アパレルをディスプレーするための「トルソー」の需要が高い。ところが、急に検索ニーズが高まったキーワードがあると、手動では広告を管理しきれないため入れ替えが発生し、安定的に需要がある定番のキーワードが入札対象から除外されてしまうことがあった。手動であるがゆえの限界ともいえる。

また、ニッチなキーワードまでカバーしきれていない点も、手動による収益化の阻害要因だった。NETSEAのリテールメディア開発をサポートするフライウィール（東京・千代田）が、検索クエリーとインプレッション数、クリック数から広告事業の現状を分析したところ、広告でカバーできていたのは、全体の検索回数のうち10％に満たないような状態であることが分かった。つまり、まだ検索行動の90％以上も収益化の見込みがあっ

たのだ。

SynaB·izがリテールメディアとして広告収入を拡大するためには、これらの課題を乗り越える必要があった。課題解決は同時に、販促によって自社商品を目立たせたいサプライヤーと、膨大な商品の中からより自社に適した商品を優先的に広告枠に表示してほしいバイヤーのニーズにも応えられるため、モール内の流通総額の増加も期待できる。

そこで導入することにしたのが、データを軸にした事業を支援するSaaS（ソフトウエア・アズ・ア・サービス）を複数開発するフライウィールの、リテールメディア開発ツール「Conata Discovery Ads（コナタ・ディスカバリー・アド）」だ。SynaB·izは同ツールを21年9月にテスト導入した。

SynaB·izがConata Discovery Adsの導入に踏み切ったのは、「ツールの利用料を差し引いたとしても、広告収益を増加できる算段がついたからだ」と、SynaB·izで導入を率いた当時の担当者は言う。

Conata Discovery Adsは、サイト内に蓄積された過去のログデータを基に、広告の表示結果を自動で最適化するサービス。SynaB·izでは同ルーツ導入の1年前から、フライウィールのサイト内検索機能とレコメ

Conata Discovery Adsの利用イメージ。赤で囲った部分がバイヤーの検索に基づき表示された広告

ンドツールを導入しており、サイトを利用するバイヤーの検索行動や、リンクのクリック、ページの閲覧、カートに投入後の購入の有無といった、購買につながるプロセスに関わるさまざまなデータを蓄積してきた。

それらのデータは従来、自社のマーケティングにしか活用できていなかった。そこでConata Discovery Adsと連係させることで、広告事業でも活用可能にし、出店者のデジタルマーケティングも支援可能にした。例えば「傘」と検索したバイヤーには、過去の購買履歴から、広告出稿しているサプライヤーの中で最も購買確度が高いと想定される商品を優先的に表示するなど、バイヤーごとによりパーソナライズされた広告を表示できるようになった。

検索したキーワードに該当する商品がなかった場合でも、フライウィールの技術により、最もニーズに近いと思われる商品を表示できるという。フライウィールでは商品タイトル、ディスクリプション（概要）、画像、バイヤーの過去の購買ログなどをすべて合わせて指標化することで、希望に近い商品を推奨する仕組みを採用している。動画配信サービスでキーワード検索した際に、視聴したいタイトルの動画が配信されていなくても、代わりに同じ監督が手掛けた作品が推奨されるというイメージだ。

完全報酬型で少額から出稿が可能に

広告の料金体系も、広告主が活用しやすい方式に変えた。Conata Discovery Ads導入後は、バイヤーが検索時に推奨された広告をクリックしたら広告費が発生する、CPC（クリック単価）の成果報酬型を採用したのだ。

CPCの成果報酬型の採用により、サプライヤー側の広告出稿の仕組みも大きく変えた。サプライヤー側は売り上げを増加させたい商品を指定し、広告費を設定するだけで済む。あとはシステムが機械的に、購入が見込める層に優先的に広告を出す。広告費がかかるのは、クリックされた場合だけだ。出稿側にとっても、検索キーワードの精査などの負担が軽減され、しかも少額から出稿可能になった。

広告主であるサプライヤー側からは、「CPC形式になったことで広告出稿に対する成果が可視化されるようになり、ROASが上がった」「従来は出せなかったキーワードに対しても出稿できるようになった」などの好意的な反響があるとSynaBizは言う。

料金体系の変更は出稿の手間を減らすだけでなく、SynaBizの収益増加にもつながった。従来は入札制を採用していたことから、広告を出稿できる社数が限られるうえに、入札金額がそのまま広告収益になる純広に近い料金体系だった。そのため、例えば本来5万円以上の価値があるキーワードでも、5万円で入札されると、それ以上は広告収益を増やすことはできず、機会損失につながっていた可能性があった。

CPC形式にしたことで、クリック数が増えればその分、広告収益が青天井で増加するようになった。「プラットフォームとしては、（機会損失が減り）より取りこぼしが無くなったと実感している」とSynaBizは、Conata Discovery Ads導入後の手応えを明かす。

現在、広告単価は、過去のデータに基づき人間が判断し決めている。場合によっては1万円程度からの利用も可能にしているが、今後さらにデータを蓄積し、「ニーズの高いキーワードのCPCを上げたり、サプライヤーが粗利を確保しやすい商品であればCPCを上げたりするなどの可能性」（SynaB·iz）も加味しながら、値付けの自動化を目指していくという。

改革の効果は目に見えて表れた。21年10月～22年3月において、SynaB·izが従来型の検索連動型広告とConata Discovery Adsを同時に展開し、結果を比較したところ、Conata Discovery Adsによって表示された広告からの購入率は7倍になった。マッチング精度が向上したことで、購入率が高まったと考えられる。また、プラットフォーマーとしてSynaB·izが得た広告収入は同5・5倍となり、広告出稿社数はConata Discovery Ads導入以前と比較して3・3倍になったという。

デジタル広告の主流技術だったの利用に制限がかかり、脱クッキー時代が到来する中、自社が保有するファースト・パーティー・データに改めて目を向ける動きが進む。そのデータを自社の活用に閉じるのではなく、外部企業も活用可能な広告へと応用し、収益化につなげるリテールメディアは今後、多くの小売企業が取り入れていくことだろう。

サービス利用者としても、数ある商品の中から「自身が最も購入する可能性が高い商品」が優先的に表示されれば、満足度が上がる可能性が高い。つまりリテールメディアは、広告出稿主、ユーザー、プラットフォーム三方良しの取り組みになり得るのだ。ただしその効果を最大化するには、マッチング精度の向上が欠かせない。小売企業がプラットフォーマーとしてどのようなデータを取得し、それを精度向上に生かせるか。リテールメディアを推進する各社にとっての課題になりそうだ。

第6章

先進広告主のリテールメディア活用

カゴメ、日清オイリオが広告活用で成果

日本でも市場が拡大しつつあるリテールメディアを先進的に活用するメーカーも現れている。その一社が、製油メーカーの日清オイリオグループだ。小売店を通じて商品を販売するメーカーは従来、広告接触が購買に与えた影響を直接分析するのは難しかった。一方、リテールメディアでは広告に接触した層が実際に商品の購入に至ったのかどうかが分かる。それが、これまでのデジタル広告とは異なる利点だ。

「もともとの販売数が少ない点を考慮する必要はあるが、正直なところ、ここまで差が出るとは思っていなかった」

日清オイリオグループ食品事業本部商品戦略部ホームユース課の安田紗希氏は、リテールメディアの威力に驚きを隠せない。同社は２０２１年11月から12月にかけて、初めてリテールメディアを通じた広告配信を実施した。その結果、広告接触の有無で商品の購入率に15倍という驚異的な差が出た。

広告で訴求したのは、卵不使用の調味料「マヨドレ」だ。マヨドレは、「卵を使っていないのにマヨネーズのようなおいしさ」が特徴の商品。商品の対象顧客層は明確だ。マヨネーズは好きだが、卵が苦手だったり、健康面を気にしていたりする層だ。

マヨドレは日清オイリオグループにとって注力商品で、かつ商品の便益ははっきりしている。「顧客にしっか

マヨドレは、「卵を使っていないのにマヨネーズのようなおいしさ」が特徴の商品だ

りと特徴を伝える必要がある商品」と安田氏は説明する。いかにして、対象層に商品の持つ便益を伝えるかがマーケティング課題となっていたわけだ。

マスマーケティングに感じていた課題

新型コロナウイルス禍により、在宅時間が増え普段の食生活を見直す人が増えた。それに伴い、食のニーズは多様化が進んでいる。従来、日清オイリオグループは、テレビCMを中心としたマス広告を通じた宣伝で、コモディティー（汎用）的な商品を拡販するマーケティングが中心だったが、「一人ひとりのニーズに応えていこうとすると、テレビCMといった大衆向けの発信では語り切れない部分が出てきた」。食品事業本部商品戦略部ホームユース課の長谷川重典課長はマスマーケティングの限界をそう捉えている。

マヨドレはサラダ油のような日清オイリオグループの主力商品と比べ対象の顧客層は狭いものの、便益を感じる層にはぴったりの調味料だ。「どうすれば刺さる人にちゃんと伝えられるか」（安田氏）を考える中で、新たな広告として白羽の矢を立てたのがリテールメディアだった。

リテールメディアは小売りが提供するアプリなど、より消費に近い顧客接点で広告を配信できるのが特徴。「もっと顧客の近くで発信していく」（長谷川氏）ことの重要性を感じている中で、リテールメディアはうってつけだった。その第1弾として行ったのが、マヨドレの広告配信だ。

広告配信には、D&Sソリューションズが手掛ける小売りの広告ネットワークを活用した。同社はスーパーマーケット向けに、スマートフォン用アプリや、LINE上でアプリと同等の機能を実現する「LINEミニアプリ」を開発するためのSaaSを提供する。阪急オアシス（大阪市）、いなげやなど17社がこのSaaSを活用して、自社のアプリやLINEミニアプリを開発している。

D&Sソリューションズは、アプリやLINEミニアプリの開発基盤を安価で提供する代わりに、各社のアプリにメーカーの記事広告を配信できる枠を設けて、その広告収益を得る事業モデルを展開。自社で編集部を持ち、記事広告を内製している。アプリ開発を手掛ける各小売りのID-POSとも連係しているため、広告効果を実店舗での購買データで評価できる。

日清オイリオグループはこの広告サービスを活用。マヨドレの記事広告をD&Sソリューションズの広告ネットワークに参加するスーパーマーケット6社のアプリやLINEミニアプリに配信した。

イラストを交えた漫画仕立てで商品訴求

記事広告は、イラストを交えた漫画仕立てになっている。1つの記事広告に、マヨドレの便益を伝えるために2つのストーリーを掲載した。テーマは「日清マヨドレを使って人生こう変わった！」だ。マヨドレを実際に食べて、便益を感じた人の実体験に基づいている。

まず1つ目が、卵に苦手意識があっても食べられるマヨネーズ風味の調味料であることを訴求する内容だ。3人の娘を育てながら、育児情報をブログに掲載している人のマヨドレ体験談を漫画に仕立てた。漫画の主人公は子どもの1人が卵アレルギーで、マヨネーズを使った料理は食べさせられないという悩みを抱えていた。そうした中でマヨドレと出合い、家族全員が同じ料理を食べられるようになって、食生活ががらりと変わったというエピソードを伝えている。

2つ目は、健康に気を配りながらも罪悪感なく楽しめるマヨネーズ風の調味料であることを伝えるストーリーだ。D&Sソリューションズで記事広告を制作する編集チームのメンバーの体験談を基に描いた。編集部員は大のマヨネーズ好きであるものの、年齢に伴う体形の変化に悩みを抱えていた。そんな中、卵を不使用で低カロリーのマヨドレを知り、普段使う調味料を変えたというエピソードとなっている。

これらの記事広告をD&Sソリューションズのリテールメディアに配信したところ、先述の通り、広告接触の有無で購入率に大きな差が出た。記事広告の文末では、商品に対するアンケートも実施した。回答からは「罪悪感なく楽しめるマヨネーズ」といった点が、広告接触者には響いていることが判明した。「卵が苦手な人でも楽しめるマヨネーズという点に主眼を置いて開発したものだが、アンケートでは『これなら健康を気にしすぎず食べられる』といった声が多く寄せられていた。そうした顧客のニーズに応えられていることも明確に分かった」（安田氏）。

イラストを交えた漫画仕立てで、記事広告を制作した。1つ目のストーリーでは、卵に苦手意識があっても食べられるマヨネーズ風味の調味料であることを訴求（左）。2つ目は、健康に気を配りながらも罪悪感なく楽しめるマヨネーズ風の調味料であることを伝えた（右）

マヨドレに続いて、22年12月には、味つけオイル商品「日清やみつきオイル」（以下、やみつきオイル）の広告を配信した。やみつきオイルは「ごま油にんにく」「ガーリックバター風味」といった4種類のラインアップを展開。その名の通り、油でありながら、かけるだけで料理に別の風味を加えることができる商品だ。これを使うことで調理の際には手軽に風味付けができるという特徴がある。

この施策でも、やみつきオイルの持つ商品価値に合わせて、「（1）調理時の味つけが簡単にできる」「（2）料理にかけて味変し、自分好みの味にできる」という2つのストーリーを用意した。

ただ、配信方法はマヨドレとは異なる。マヨドレの施策では1つの記事広告に2つのストーリーを詰め込んで、一律で配信した。一方、やみつきオイルではストーリーごとに個別の記事広告を制作。配信対象を2つのグループに分けて、どちらか片方の記事広告を送り、広告効果を比較する。マヨドレから施策を発展させた形だ。

トライアルHDでもクーポン配信の実験を実施

リテールメディアの活用はD&Sソリューションズの広告サービスにとどまらない。22年4月からは、九州地方を中心にスーパーを展開するトライアルHDのリテールメディアを活用した実験にも取り組んでいる。

トライアルHDは買い物かごにタブレット端末を取り付けた、スマートショッピングカートを一部の店舗に導入している。日清オイリオグループはこのレジカートに取り付けられたタブレット端末に、対象商品が割引になるクーポンを配信した。

クーポンの対象とした商品は「日清MCTオイル（中鎖脂肪酸油）」。日々の食事にかけることで、BMI（肥満度を表す体格指数）が高めの人が効率よく体脂肪を減らせるようにする機能性表示食品だ。トライアルHD

の購買データを基に配信対象者を抽出して、クーポンの割引額を変えて配信し、購入率にどのような影響を及ぼすのかを分析している。

例えば、低糖質商品などを日ごろから購入している層は商品との相性が良く、購入が見込めるため、割引額の低いクーポンを配信する。一方、離反顧客の呼び戻しには割引額の高いクーポンを配信する。「日清MCTオイルHC 85g」は習慣的に使えば、30日前後で使い切る。つまり、商品購入後に2カ月以上リピート購入していない顧客は、「他の商品を購入したり、他店で購入したりしている可能性がある」(長谷川氏)。そうした層には、よりお得なクーポンで訴求して、再購入につなげるためのアプローチができるわけだ。

広告主から見たリテールメディア3つのポイント

こうした取り組みや広告効果の手応えを受けて、リテールメディアに3つの利点を感じているという。1つ目が、顧客の属性に合わせた広告配信ができる点だ。リテールメディアは購買データに基づいて広告配信するのが特徴。その仕組みによって、「ダイレクトに生活に寄り添った広告配信ができる」と長谷川氏は言う。

2つ目が、広告接触が実際の購買に結び付いたかどうかが分かる点だ。「従来のテレビCMやオウンドメディアの広告では、広告接触者の購買につながったかの効果測定がしづらい」(長谷川氏)。一方、リテールメディアはＩＤ－ＰＯＳと連係しているため、広告接触者の購買データを一貫して分析できる。「広告を見た人が実際に買ったかどうかまで追えるのが強みだ」と安田氏は説明する。

３つ目が、「購買までの距離が近い」（長谷川氏）という点だ。リテールメディアは、購買データに基づいて、購入に結び付きそうな層に広告配信ができるほか、購入の可能性が高そうだと仮定して、商品の売り場に近づいた人に向けてクーポンや広告を配信できる。「売り場にいる人たちに対して、『買ってください』と広告を出せる、確実性の高いメディア」と長谷川氏は表現する。

とはいえ、リテールメディアも万能ではない。「サラダ油のようなコモディティー化した商品は、（リテールメディアを通じて成果を得るのは）難しいのではないか」と長谷川氏はみる。すでに認知度が高い商品で、対象となる顧客層も幅広いため、購買データで絞り込む意味が薄いからだ。

それを踏まえて、「市場が拡大しつつあり、価値をステップアップさせていけそうな商品には（リテールメディアが）使えるのではないか」（長谷川氏）と期待を寄せる。

また、「リテールメディアがテレビＣＭのようにスタンダードなマーケティング施策になったとき、情報があふれ、結局は取捨選択されるようになる可能性もある」と長谷川氏は指摘する。現段階では、活用する企業が少ないため、先行者利益で高い効果が出ている側面もありそうだ。普及する過程で、高い効果を維持できるかどうかが、リテールメディアを展開する小売企業にとっては課題になる。

広告主となるメーカーといえど、広告配信先を増やす1つの手段として、ただリテールメディアを活用すればいいというわけではない。どのような商品を誰に届けたいのかを意識して、広告を出し分けていく。そうした姿勢がリテールメディアにおいても求められるということを、日清オイリオグループの事例は示している。

カゴメとトライアルHDがクーポン配信で大実験

来店客は棚から牛乳を取ると、カートに取り付けられたタブレット端末のスキャナー機能を使い、商品バーコードをスキャンした。すると、タブレット端末に、牛乳売り場の近くにあるカゴメ「ラブレ」のクーポンが表示されたため、思わず対象商品に手を伸ばした──。

カゴメもトライアルHDのリテールメディアを活用し始めている一社だ。同社はトライアルHDが一部の店舗に導入している、スマートショッピングカートを活用した、リテールメディアの実験に取り組みだ。このカー

スマートショッピングカートに搭載されているタブレット端末の画面上に、複数のクーポンが表示される

トは、一言で言えば買い物かごとセルフレジが一体化したIoTカートだ。

買い物客は入店時、カートに取り付けられたタブレット端末で専用のプリペイドカードを読み込むことで利用可能になる。利用客は棚から商品を取り、商品を買い物かごに入れる際に、顧客自身でレジカートに搭載されているスキャナーを使い商品のバーコードを読み込むと、タブレット端末の画面上に商品一覧と合計額が表示される。

会計は専用のゲートで行う。ゲート通過時に、店員がカートの中身と端末に表示されている商品が一致しているかどうかを数点確認する。確認後、ゲートを通過すると入店時に読み込ませたプリペイドカー

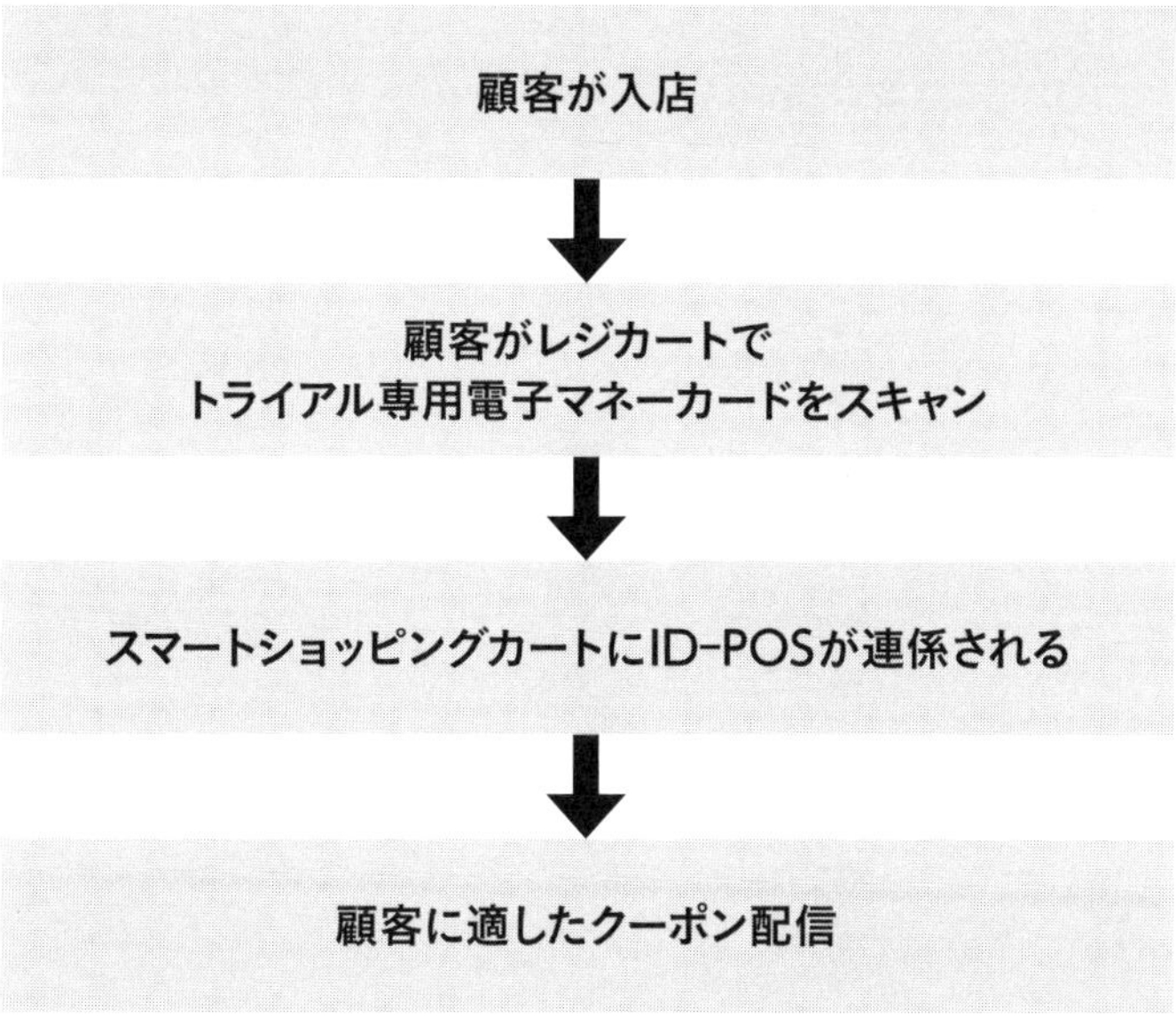
顧客が入店
顧客がレジカートで
トライアル専用電子マネーカードをスキャン
スマートショッピングカートにID-POSが連係される
顧客に適したクーポン配信

顧客が入店してから、クーポンが配信されるまでの大まかな流れ

ドの残高から、自動的に合計額が引き落とされる。ゲート付近にはプリペイドカードに残高をチャージする機器が設置されているため、支払い時に残高が不足していてもその場でチャージして支払える。

リテールメディアの取り組みには、ＩＤ－ＰＯＳと呼ばれる顧客ごとに購買データ管理する仕組みが重要になる。ＩＤ－ＰＯＳとは、一人ひとりの顧客に固有のＩＤを割り振り、そのＩＤにひも付く形でさまざまなデータを管理する仕組みのこと。トライアルＨＤでは、カートを利用する際に顧客はプリペイドカードを読み込ませる必要がある。このカードには固有のＩＤが振られており、ＩＤ－ＰＯＳの役割を果たしている。

トライアルＨＤはスマートショッピングカートをはじめ、これまで蓄積した２７０億件のＩＤ－ＰＯＳデータを情報化し、独自開発したレコメンデーションのアルゴリズムがある。このアルゴリズムをレジカートへのクーポン配信に生かすのが、トライアルＨＤ流のリテールメディアだ。ＡＩが購買データなどを基にして顧客ごとに最適なおすすめ商品を選択し、レジカートに備え付けられたタブレット端末の画面に表示する仕組みだ。

例えば、スキャンした商品に関連する商品のクーポンやおすすめ商品などがリアルタイムで画面上に表示される。「ある商品を買った（バーコードをスキャンした）ときにクーポンを出すことができる点がレジカートの強み。これは、アプリには無い機能だ」とトライアルカンパニーマーケティング部部長の野田大輔氏は独自性を強調する。

IoTカートを活用した広告配信の実験

トライアルＨＤは21年10月から22年２月にかけて、この仕組みを用いてカゴメと共同で２つの実験を行った。最も購入につながりやすい広告配信のタイミングや、適切な広告内容の検証だ。この実験では、商品購入時に「ポイント」で還元されるクーポンを広告としてレジカートに配信した。このポイントは、トライアルＨＤが展

カゴメはラブレの2品目を対象にトライアルHDのリテールメディアで広告施策を実施した

開するスーパーマーケットでの決済手段の1つである、トライアル専用電子マネーカード内にたまる。つまり、実質的なキャッシュバッククーポンというわけだ。

この2つの実験では、カゴメが販売している植物性乳酸菌はっ酵飲料「ラブレ」の2品目を対象とした。カゴメが拡販に注力したい商品にもかかわらず、まだまだトライアルHDの顧客では未購入者が多いという課題を解決するのが目的だ。実験はレジカートを導入しているスーパーマーケット計6店舗で実施した。クーポンの配信による広告効果を検証しやすくするため、過去1年間ラブレを購入していない顧客を対象とした。

1つ目の実験では、「いつ」「どこで」クーポンを配信すると、ラブレの購入につながりやすいかというタイミングを検証した。具体的には入店時や特定の商品を購入したタイミングなど、5つの異なるタイミングでレジカートにクーポンを配信した。その後、およそ4カ月にわたり、データを分析した

配信トリガー	メリット	デメリット	結果
入店時	スマートショッピングカート利用者すべてにリーチ	売り場に遠い	×
牛乳	売り場がラブレと近い	トリガーを引く顧客が限定	◎
果汁野菜飲料	売り場がラブレと近い	トリガーを引く顧客が限定	○
スナック菓子	ラブレユーザーが好んで買っている	同時併売は少ない	△
カップ麺	ラブレユーザーが好んで買っている	同時併売は少ない	△

売り場に近い場所でクーポンを配信した場合に最も購入につながりやすかった。一方で、入店時、スマートショッピングカートの利用客に一律で配信した場合は最も購入につながりにくかった

結果が次ページの表である。

入店時のタイミングですべての顧客に配信したクーポンは利用率が低かった。牛乳や果汁野菜飲料など、ラブレが陳列された商品棚に近い商品のバーコードをスキャンしたタイミングでクーポンを配信した場合は、ラブレの購入につながりやすかった。一方、スナック菓子やカップ麺など、ラブレの顧客層が日ごろからよく購入している商品をレジカートに入れたタイミングでクーポンを配信した場合は、飲料に比べて購入率が低かった。物理的に距離が近く、すぐに商品を手に取れる場所との相性が購入意欲の向上につながった可能性が高そうだ。

さらに、果汁野菜飲料より、牛乳を購入した人に

配信したときのほうが、効果的だった。また、ラブレと同じ乳製品である牛乳を購入した人のほうが商品との相性がよく、クーポンによる訴求効果があったのだろう。

野田氏は「購買行動に一番近いカートに、特定の商品を買った瞬間にお知らせできるのは強みだ。顧客は常にスマートフォンを見ながら買い物をしているわけではないため、アプリでは難しい」とスマートショッピングカートと連動するからこそ、より高い訴求力の販促施策が実施できると説明する。

顧客によってポイント数を調整し、販促コスト削減

2つ目の実験では、クーポンの還元額を顧客によって変えた。クーポン配信対象の顧客を「クーポンの還元額を変える群」と「一律で同じクーポンを配布する群」の2つに分け、効果を比較するA/Bテストを実施した。実験の目的は、無駄な割引の抑制だ。「これまではすべての顧客に一律でクーポンを出していた。だが、それでは無駄な広告費を使っている可能性がある」と野田氏は言う。クーポンの一律配信では、割引せずとも購入が期待できた層にまでクーポンが配信される。それが利益率を低下させているという仮説の検証だ。

還元額は普段から顧客が購入している商品の価格を基に、ＡＩが適切な還元額を分析する。例えば、普段購入している商品の金額がラブレの販売価格に近い場合は、それほど割引しなくても購入につながりやすいと判断して少額のクーポンを付ける。一方でラブレの販売価格より安価な商品を購入している顧客に対しては、より還元額が高いクーポンを配信して、お得さを感じてもらうといった具合だ。

その結果、一律で同じクーポンを配布した群より、顧客によって還元額を変えた群のほうが、同じ売り上げをつくるために必要なクーポンのコストを70％も削減できたという。これによって、適切な還元額のクーポンを配信することで、商品の販促にかかるコストを大幅に削減し、利益率の向上につながることが証明された。

繰り返すようだが、この2つの実験では、過去に1年間ラブレを購入していない顧客を対象としていた。一般的にスーパーマーケットにおいては既存顧客よりも、新規顧客に商品を購入してもらうことのほうが難しいとされている。「新規顧客を、無駄な販促費などをかけずに効率的に増やせたという点を、メーカー側からもかなり評価していただけた」と日本アクセスのマーケティング部長の今津達也氏は言う。

この検証は、広告を配信するスマートショッピングカートという面の接触から、一人ひとりの顧客の購買までを一貫して分析可能な小売企業だからこそできた取り組みだ。トライアルHDの実験のように、購買データを基にそれぞれの顧客に適した広告を配信し、さらに売り上げに与えた影響まで分析できるという点が、リテールメディアに注目が集まる理由の1つとなっている。

第7章

相次ぐ参入で開発支援市場も活性化

広告代理店や食品卸が支援事業を開始

日本でもリテールメディア市場の立ち上げに向けて、小売企業の動向が活発化する中、開発支援事業も活発化している。専業の広告技術開発会社だけでなく、グーグルといった大手IT企業、大手広告代理店、そして食品卸までもが相次ぎ支援事業に参入。早くも群雄割拠の様相を呈している。

大手広告代理店では博報堂が、2023年4月にグループ横断型のリテールメディア支援プロジェクト「リテールメディアONE」を発足させた。リテールメディアに特化した総合窓口として、リテールメディアを開発する小売企業、出稿主であるメーカーなどの双方にサービスを提供する。組織設置の背景には、国内リテールメディア特有の課題がある。

「日本は地場のスーパーなどが強く、米国のような市場シェアの上位寡占が起こっていない。そのため、現状はリテールメディアも各社が個々に立ち上げており、規模感が出しづらい。それが広告主が活用しづらい要因にもなっている」

博報堂ショッパーマーケティング事業局の徳久真也局長は、国内のリテールメディアの現状をこう分析する。リテールメディアは小売事業者が保有する購買データなどを基にした、新たな広告サービスだ。広告接触データと小売店の購買データをつなぎ合わせることで、広告が実購買に与えた影響をデータで可視化し、広告主が投資対効果を実感できる点が、小売業者が手掛けるサービスならではの価値となる。

だが、海外と日本では小売り市場をめぐる状況が大きく異なるため、各社が個別に取り組んでいては、市場規模の拡大は期待しにくい。スーパーを例に取れば、「米国のハイパーマーケット（大型スーパー）は上位4社が市場の6割以上を占める。一方、国内は地場のスーパーが強いうえに、大手小売りも東西で法人が分かれているなど、細分化されている」と徳久氏は言う。

消費者視点で見れば、選択肢が豊富で、自分のライフスタイルにあった業態を選べる魅力的な市場だ。一方、広告主の視点から見た場合は、リテールメディアの活用を阻害する要因にもなっている。

リテールメディアの細分化でリーチに課題

というのも、個々の企業が保有する顧客数やデータ量が分散しているため、広告配信の規模が担保できないのだ。「国内リテールメディアの最大の課題はリーチが少ないこと。アプリなどに表示する広告とデジタルサイネージを中心とした店舗型の広告のシステム的な連係が遅れているため、個社ごとでも規模が出しづらい状況だ」と徳久氏は指摘する。

また、それが商慣習的にも出稿を妨げている。「多くのメーカーの宣伝部は、個別の小売りの支援につながらないように出稿ルールを設けている。現状のリテールメディアは個社ごとに開発されていることが多く、宣伝部はルールに抵触する恐れがあるため広告予算を使いづらい」(徳久氏)。そのため、小売りのバイヤーと取引関係にあるメーカーの営業担当者が持つ販促費から、リテールメディアの広告費を捻出することが一般的になっている。

だが、「各営業担当部門が持つ販促費は、宣伝部が持つ予算に比べて少ない。大型キャンペーンでは使いづらく、営業部門の予算でやりくりしているため、大きな金額の出稿にはつながらない」(徳久氏)。売り上げへの影響の計測や、より購買に近い広告枠で消費者と接点を持てる利点はあるものの、それを最大限に生かせる環境が整っていないのが現状だ。

博報堂は広告代理店の立場からこうした課題を解消し、国内のリテールメディア市場の拡大を目指すため、グループ横断型の組織「ショッパーマーケティング・イニシアティブ」を発足した。博報堂、博報堂DYメディアパートナーズ、博報堂DYホールディングス、デジタル・アドバタイジング・コンソーシアム(DAC)、アイレップ、博報堂プロダクツなど、全12社が参画している。

	会社名	主な領域
1	博報堂	総合広告会社
2	博報堂DYメディアパートナーズ	総合メディア事業会社
3	博報堂DYホールディングス	博報堂などを傘下に持つ持ち株会社
4	デジタル・アドバタイジング・コンソーシアム	総合デジタルマーケティング会社
5	アイレップ	次世代デジタルエージェンシー
6	博報堂プロダクツ	総合制作事業
7	博報堂DYアウトドア	デジタルサイネージなどの屋外広告の支援
8	セレブリックス	営業・販売の総合支援
9	エクスペリエンスD	店舗開発・運営、ブランド体験施設の総合支援
10	バックスグループ	ストアスタッフなどの派遣、教育、店舗の運営管理支援
11	日本トータルテレマーケティング	カスタマーセンター、フルフィルメント、ECの総合支援
12	グローステータ	企業のデータ利活用の総合支援

グループ横断型の組織「ショッパーマーケティング・イニシアティブ」には博報堂グループ12社が参画する。同組織のプロジェクトとして、博報堂グループのリテールメディアの総合窓口となるリテールメディアONEを開始した

同組織のプロジェクトがリテールメディアONEとなる。「各社からリテールメディアに関連する部門の人たちを集約して、リテールメディアの開発と活用を支援する体制を組んでいく。博報堂本体から約40人、兼務を含めると70人が中核となり他のグループ会社と連携する」と徳久氏は説明する。

プロジェクトでは、各リテールメディアに対して、広告主が横断型的に出稿しやすい環境の整備を進める。「広告主はテレビCM、デジタル広告、OOH（屋外広告）、店頭に設置するPOPなどを組み合わせて、適切な予算配分を検討していく。そのときにリテールメディアをどう位置付けるかが重要だが、個別に分断されていては優先順位が下がってしまう」（徳久氏）。

そこで、「複数の小売業者、デジタル広告、アプリ、デジタルサイネージなどの広告配信面を束ね、一括して出稿できるようにして、広告主のニーズに応えていく」（徳久氏）ことで、こうした課題の解消を目指す。複数のリテールメディアの広告枠を組み合わせて規模を担保するのは、さまざまな広告サービスを扱う総合広告代理店ならではの発想だろう。

複数のリテールメディアを横断でプランニング

第一フェーズでは、事業者と広告配信面を横断した統合的なプランニングを提供する。先述した通り、現状のリテールメディアはオンラインと、デジタルサイネージに代表されるオフラインの広告枠が分断されていることが多く、別々に出稿する必要があった。そこで、広告主のニーズに合わせて、複数のリテールメディアの広告サービスや、テレビCMをはじめとした既存の広告サービスを組み合わせて、一括して配信できるプランを提案する。

博報堂グループではリテールメディアONEの設置に先駆けて、22年からテレビ、デジタル広告、リテールメディア、実店舗の売り場を組み合わせて、広告主に提案するソリューションの「テレデジ・リテールONE」

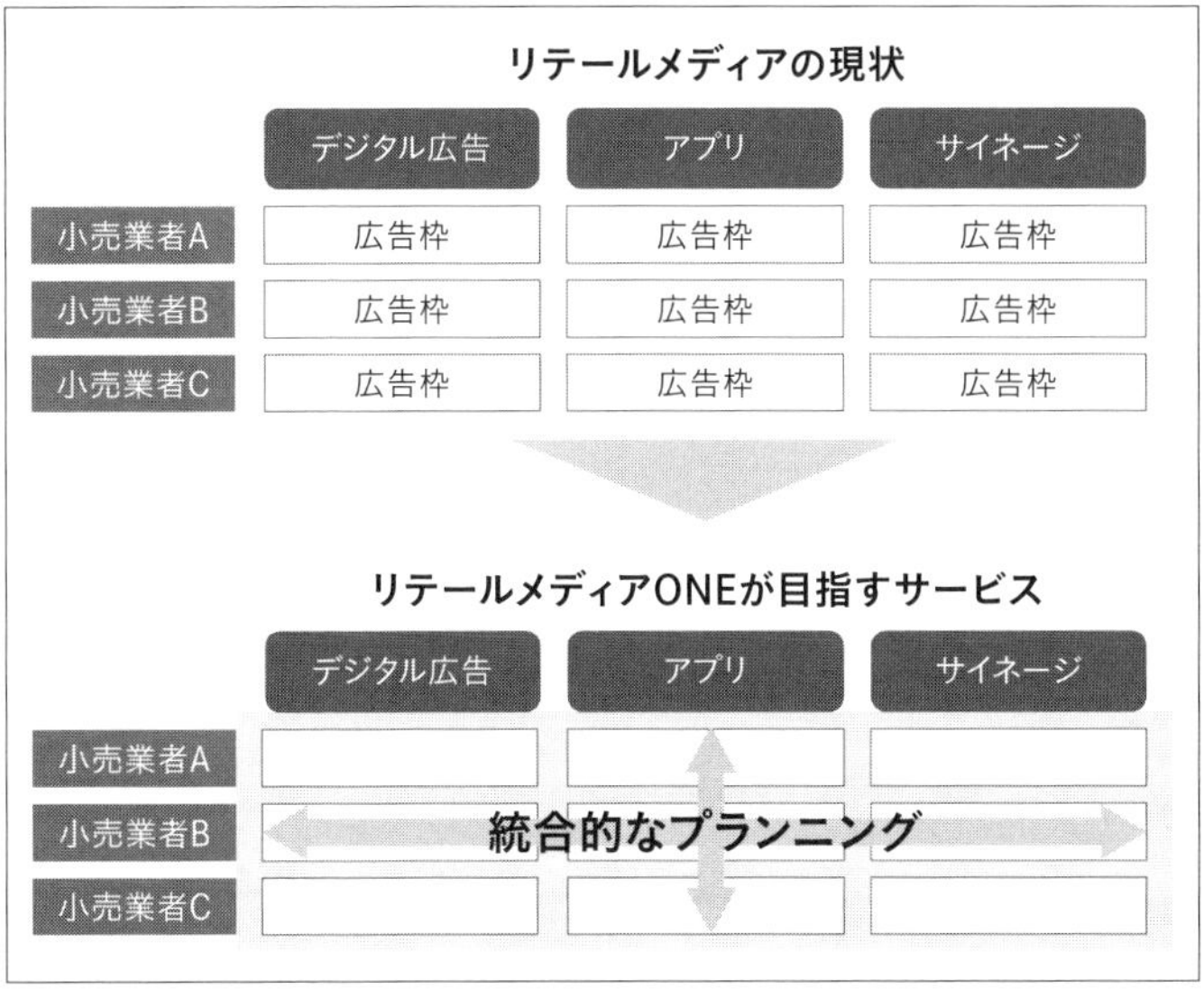

「リテールメディアONE」では、最初のフェーズで、分断されている小売業者ごとのリテールメディアと広告枠を、統合的にプランニングして提案するサービスを提供する

を提供してきた。テレビCMのリーチ力を生かしながら、併せて視聴者層に対して、デジタル広告やリテールメディアでアプローチし、来店を促進。店頭に設置したセンサーなどによる来店計測や購買データを用いて効果を検証する、オンラインとオフライン一気通貫型の広告ソリューションだ。このテレデジ・リテールONEも含めて、広告主の要望に応えていく。

開発において、技術面はDACが支援する。同社はデジタル広告の黎明期から、DSP（デマンド・サイド・プラットフォーム）やDMPなどを開発してきた知見を持つ。「将来的には分断されているリテールメディアを束ねるアドネットワークの構築や、リアルタイムに広告枠を売買する仕組みが必要になるはずだ。その基盤の構築に必要な技術サポートをしていく」とDAC執行役員の砂田和宏メディアストラテジー本部長は言う。

アプリ開発、データを蓄積するCDPの構築、リテールメディア向けのコンテンツ制作などの支援サービスを提供する。DACやデジタルマーケティング支援会社のアイレップ（東京・渋谷）と連携して、リテールメディアに必要なシステムやコンテンツの開発を手掛ける。

また、複数の企業間のシステムを連係したアドネットワークの構築に先駆けて、小売りを傘下に持つ鉄道会社などには、グループ全体のデータを統合するソリューションを提供する。「コングロマリットな企業にはグループ間で細分化されているデータを統合し、広告サービスの開発に生かせるようなソリューションを提供していく」（砂田氏）。データ量や消費者との接点が増えることで、広告主にとっては活用の幅の広がりが期待できそうだ。

博報堂がグループ横断型のプロジェクトを発足したことは、リテールメディアに対する期待の表れといえる。「古くは検索連動型広告、SNS広告などの市場が登場したときに、専用の窓口を設置してきた。それらのデジタル広告は市場に定着したが、リテールメディアはそれらの広告の誕生時と同様の勃興期にある」と徳久氏はみる。グループ横断型のプロジェクトを通じて、小売業者に対しては広告事業の収益化を支援し、リテールメディア開発への投資を後押しする。広告主に対しては出稿しやすい環境を整備することで、市場拡大を目指す。

食品卸大手の三菱食品が広告代理店に？

食品卸大手の三菱食品は23年8月14日、リテールメディア開発の推進を目的に、位置情報ベンチャーのunerryと資本業務提携を締結した。両社は22年から共同でリテールメディアの開発に取り組んできた。三菱食品は1年間の業務提携で手応えを感じたことから、さらにアクセルを踏むためunerryへの出資を決断した。unerryの技術を生かしたリテールメディアネットワークの開発と、3000社の小売業と6500社の食品メーカーと取引がある三菱食品の営業力を組み合わせることで、市場拡大を狙う。

「当社は（リテールメディアの『核』となる）3000社の小売業者、広告主になる6500社の食品メーカーの両方と取引してきた。その中間的な立場として、横断的な広告ネットワークを構築できる可能性があると判断した」

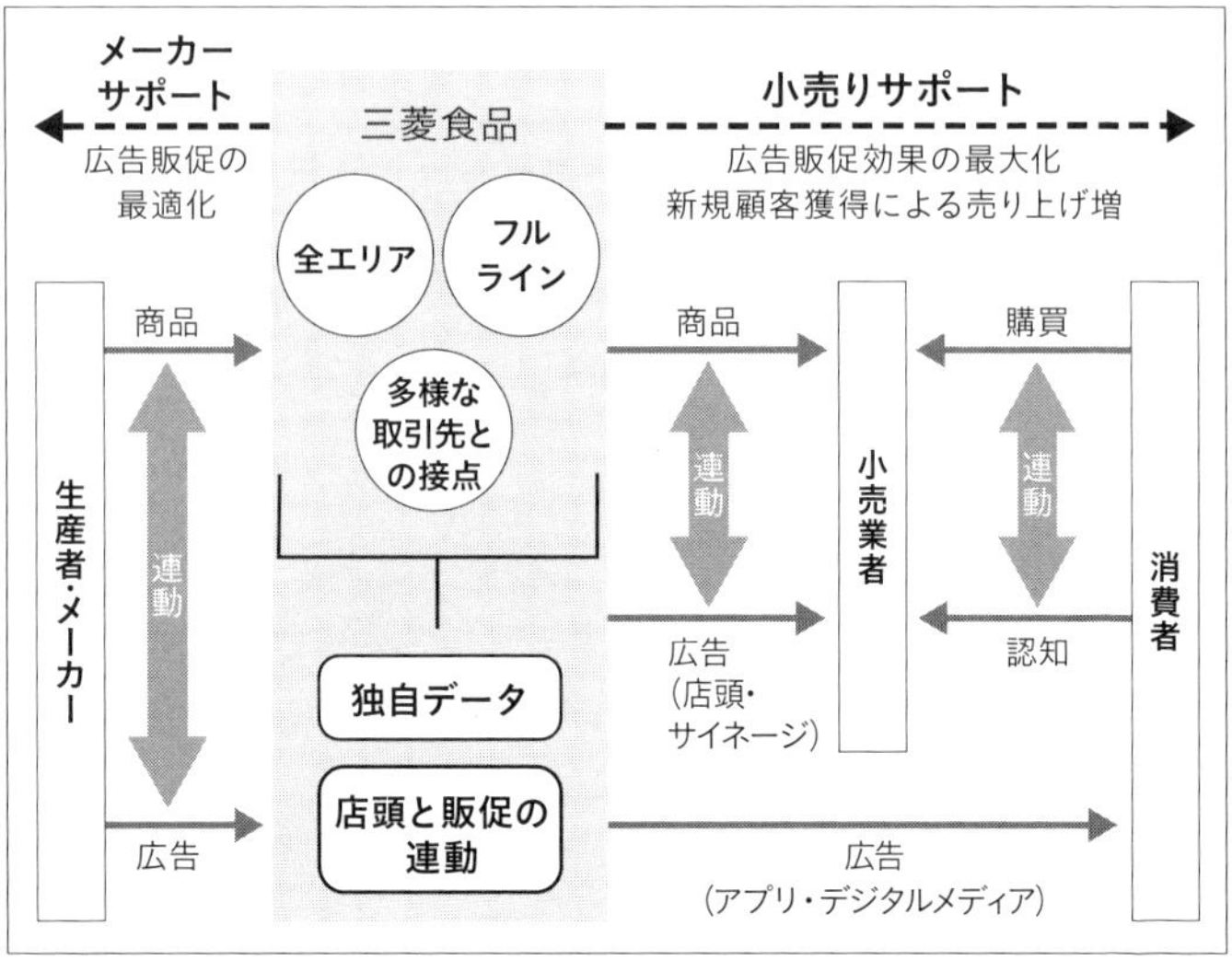

三菱食品は中期経営で、デジタル活用で小売業者とメーカーの双方の売り上げ増加につながる価値の創出を掲げている。リテールメディアはその戦略の重要な柱の1つになりそうだ

三菱食品の執行役員マーケティング開発本部長の小山裕士氏は、食品卸事業の立場からリテールメディア開発に踏み切った狙いをこう説明する。

開発のきっかけは既存の販売促進手段の限界だ。

「小売業の販促策と言えば特売とチラシだった。一方、メーカーはテレビCMなどの広告が中心。だが、いずれも徐々に効果が下がっている。小売企業とメーカーの両方から新たな消費者接点を求められている」と小山氏は言う。

メーカーから商品を仕入れ、小売業者に卸す食品卸業をなりわいとしてきた三菱食品は、両者にとってメリットがある形で販促施策の提案まで手掛けてきた。既存のマーケティング施策の限界を迎える中で、新たな施策としてデジタルサイネージやネット広告といった、デジタル施策へと提案の幅を広げる必要性に迫られていた。

そうした中で、小売業者の持つデータを活用した、新たな広告プラットフォームのリテールメディアという概念が登場した。「デジタル技術を活用して、消費者にお得な情報や商品情報を伝えることで、マーケティング課題に悩む小売りとメーカーのニーズを満たせると考えた」と小山氏は言う。

三菱食品は21年6月に発表した中期経営計画において、小売業者とメーカーの両方をサポートする立場として、デジタル広告と店頭の連動により、ROIを最大化させ、売り上げ増加に貢献する新たな付加価値の創出を掲げている。リテールメディアはその戦略の大きな柱の1つになりそうだ。

小売りとメーカーの両方に価値を提供

だが、リテールメディアの先進国である米国では先述したようにウォルマートやアマゾンといった、小売業者が自ら広告サービスの開発を手掛けている。食品流通の中間業者である卸業者が広告サービスの開発を手掛ける必要性があるのだろうか。その理由は日本ならではの商慣習にある。

「日本の食文化は多様性があり、特定の地域だけで売れる商品が存在する。卸業者である当社は全国一律で売れる商品と、各地域の売れ筋商品を網羅的に把握し、きめ細かいマーケティング施策を提案できるはずだ」と小山氏は自信をのぞかせる。

また、そうした食事情から、日本は地場のスーパーなど、地域ごとにさまざまな小売業者が生活に根付いている。ウォルマートやアマゾンのように、1社で大きな市場シェアを持つ企業は少ない。だが、広告サービスは配信対象の規模が重要になる。「単体ではサービス化が難しく、ネットワーク化しなければメディアとしての価値は生み出しにくい。だからこそ、3000社の小売業者と取引する当社が介在する余地がある」（小山氏）と判断した。

とはいえ、三菱食品はデジタル広告のプラットフォームを開発できる部隊を持たない。そこで手を組んだのがunerryだ。unerryは全国に散らばる210万カ所のビーコンをネットワーク化して取得した実際の移動情報などを活用した広告サービス「Beacon Bank AD（ビーコン・バンク・アド）」を開発してきた。ビーコンの設置箇所には小売店も多く含まれる。

unerryはこうした技術を活用し、広告接触者がビーコンと通信したときに来店を検知する来店計測の仕組みなどを開発。さらに、近年は「個人情報を取得せずに、小売店の来店者データと購買データを横断的に連係する技術の開発に力を入れてきた」とunerryの内山英俊社長は説明する。

同社は高い技術力を保持するものの、課題になったのは営業体制だ。小売店やメーカーとの直接的な接点は少なく、とりわけID-POSデータは小売店にとって虎の子で、よほどの信頼関係がなければ提供してもらいにくい」（内山氏）。リテールメディアを開発するうえで、ID-POSデータは広告配信対象者の抽出、広告効果の測定という両面で極めて重要だ。

そこで、unerryの技術と三菱食品がこれまでの事業で培ってきた小売業者やメーカーとの関係性を組み合わせることで、双方の弱点を補う補完関係を築き、日本ならではリテールメディアネットワークを構築できると考えた。こうして共同開発プロジェクトが口火を切った。

三菱食品が注力するリテールメディアは、小売業者の持つデータを生かした広告配信の仕組みの開発だ。これを説明するうえで、リテールメディアにおける主に2つの広告サービスを解説したい。

1つ目は小売業者名義のスマートフォン向けアプリやECサイトを運営することで、メディアとしての側面を強化し、そのメディア上に広告枠を設けて広告を配信する方法だ。一般的なWebメディアの開発に近い。小売業者の持つデータで、より精緻に広告配信対象者などを絞り込めるなど、データの強みを最大限に生かしやすい半面、メディアとしての規模を出すにはアプリのダウンロードを促進して、十分な利用者数を確保するなどの自助努力が必要になる。

もう1つはデータプロバイダーに徹する方法だ。メールアドレスやスマホの端末ごとに付与される広告識別子（ID）を軸に、米グーグルや米メタといった既存の広告プラットフォームと連係して広告を配信し、効果測定には来店計測や購買データなどを用いる。小売業者のデータを用いた、DSPともいえる手法だろう。

こちらは他のプラットフォームとデータ連係して広告を配信するため、直接的に小売業者の顧客向けに広告を配信する前者の手法に比べて、広告配信対象者にリーチできる精度などはやや落ちる可能性が高い。一方で、十分な規模を持つ既存の広告プラットフォームを用いるため、広告配信対象の規模を担保できる。そこにID-POSなどの購買データによる効果測定を加えることで、既存のネット広告にはない、小売業者ならではの付加価値が生まれる。

三菱食品が広告代理店の機能を保有する

三菱食品はunerryと共同で、特に後者のリテールメディア開発に力を入れる。小売業者の購買データや、三菱食品の過去の取引データから、地域ごとに広告主であるメーカーの商品の購買層などを分析。そのデータを基に、広告を配信すべき地域や対象者を洗い出し、デジタルサイネージなども組み合わせながら適切なプランを提案する。

現状、ID－POSデータの連係まで同意を取得できているのは10社程度だという。これを徐々に増やしていきたい考えだが、「やはり、ID－POSデータは小売業者にとって、お客さまから預かっている大切なデータ。一気に広げるのではなく、セキュリティーを担保しながら、着実に広げていきたい」と小山氏は慎重な姿勢を見せる。

広告配信プランの提案から効果測定という一連の作業は、広告代理店と近しい業務だが、対立構造を描きたいわけではない。「広告代理店的な側面を持つことになることは確かだ。だが、既存の広告代理店と対抗するのではなく、協業しながら新しい市場を開拓していきたい」と小山氏は説明する。

また、「リテールメディアにとっての広告主はメーカーだが、unerryとは小売店にとっても来店頻度や顧客単価の向上につながる販促のプラットフォームとしても活用できるようにしていく」と小山氏は言う。広告収益だけでなく、小売業者の本業の成長につながる価値も併せて提供することが、リテールメディア市場の拡大には欠かせないというわけだ。

その観点でいえば、広告と連動して柔軟に商品を手配できるのも、卸業者である三菱食品の強みといえるだろう。「商品が配荷されていない地域に広告を配信しても、肝心の商品が買えないため無駄打ちになる。どの店舗に何の商品を卸しているかが網羅的に分かるため、商品展開とセットで提案できるのも三菱食品ならではの強みだ」と小山氏は言う。

仮に非常に高い広告効果が出て、店頭在庫が少なくなっても、すぐに商品を手配可能な柔軟性を持つのは卸業者ならではだろう。小売店とメーカーの双方にとって、売り上げ増加につながる可能性がある。

そのプランに沿って、既存の広告プラットフォームと連係して広告を配信し、その後はｕｎｅｒｒｙの来店計測や購買データなどを用いて、広告が売り上げ増加に寄与した効果を測定する。広告効果の分析には購買データだけでなく、三菱食品の小売業者への商品出荷データなども用いるという。

小売り版アドネットワーク「RMN」が登場

リテールメディアに関心があっても、データ不足や開発資金がないなどの課題を抱えている。そうした中小小売りが保有するデータの広告収益化を支援するのが、ネットワーク型広告の「ＲＭＮ（リテール・メディア・ネットワーク）」だ。地方のスーパーなどの中小規模の小売りは、単独でリテールメディアを展開するにはデータや配信規模が不足していることが多い。ＲＭＮは中小規模の小売りが提供するスマートフォン向けアプリなどをシステム的につなぎ、横断的に広告を配信する仕組み。複数の企業がこのサービスに参入している。

「リテールメディアにおける米国と日本の最大の違いは、広告の配信対象となる分母の数だ。アプリのＭＡＵが、最低でも２００万人はいないと単独での展開は難しい。それができるのは大手小売りぐらいだ」

D&Sソリューションズは、日本のリテールメディアが抱える課題点をこう指摘する。そして、こう続ける。「米国ですらリテールメディアの成功例に挙げられるのはウォルマートやターゲットなど、大手小売りだけ。地方のスーパーの成功例は聞いたことがない」。

日本は地域ごとに食文化が異なるため、特定の地域で地場のスーパーマーケットが高い市場シェアを持つことも珍しくない。ただ、地域での市場シェアが高くとも、自社の顧客のうちデジタルツール上で接点を持てる層となると激減する。「小売業者のアプリは、利用者が顧客の数パーセントにとどまるということも珍しくない」とunerryの内山氏は言う。

ただでさえ少ない広告配信可能な対象者を、性別や年代といったデモグラフィックデータや購買データで絞り込むと、さらにその対象範囲は狭まる。広告配信対象者が少なく、購買に与える影響が見られなかった場合、広告主からの継続出稿は期待できない。地場でどれだけロイヤルティーの高い顧客を抱えていても、地方の小売りが1社で広告事業を展開するには、配信対象者とデータの両方の規模が小さすぎるのが現状だろう。

そこで登場するのがRMNという概念だ。複数のリテールメディアを束ねたネットワーク型広告を指す。これは、デジタル広告でいうアドネットワークの一種だ。

デジタル広告市場でも単独で広告サービスを提供できるのはグーグル、ヤフー、LINEといった、巨大な利用者基盤を持つプラットフォーマーだ。それ以外の多くのメディアは、アドネットワークに参加している。アドネットワークとは、参加するメディアの広告枠に横断して広告を配信する仕組みだ。ネットワーク化することで、より広域に広告を配信できる。そして配信した広告の収益が、アドネットワークに参加するメディアに分配される。多くのメディアは自社で開発する広告商品の販売と、アドネットワーク経由の広告収益を組み合わせて収益化している。

RMNはアドネットワークの小売り版といえる。複数のリテールメディアをネットワーク化し、横断して広告を配信できるようにする。「ネットワーク化して、規模の経済にしたほうがクライアントからも価値を感じてもらいやすい」（内山氏）ため、データ量などが少ない中小小売りなどは、ネットワークに参加したほうが広告収益が見込める場合もある。

広告出稿主であるメーカーが「新規顧客獲得」を目的とするならば、RMNに参加するリテールメディアから横断的に対象商品の購入履歴がない層を抽出し、広告を配信する。メーカーからすれば、対象商品の新規顧客を獲得できれば目的は達成できるため、特定の小売りに絞って配信する必要性がない。1社ずつ広告配信の契約などを結ぶ必要がなく、手間も省ける。

このようなRMNの構築を目指す企業が国内でも現れている。各社サービスの開発戦略や広告の形式などは三者三様。例えば、前出のD&Sソリューションズが提供するのは記事広告だ。同社はスーパーマーケットに対し、スマートフォン向けアプリや、LINE上でアプリと同等の機能を実現するLINEミニアプリを開発するためのSaaSを提供する。現在は近畿地方を中心に店舗を展開する阪急オアシス、首都圏中心のいなげやなど17社がこのSaaSを活用して、自社のアプリやLINEミニアプリを開発しているという。

D&Sソリューションズは、このSaaSを利用して開発されるアプリ上に、各社の許諾を得たうえで専用の記事広告の配信面を用意している。同社はメーカーから得た広告出稿費を基に、イラストなどを交えて商品を訴求する記事広告を制作し、SaaS利用企業のアプリに横断的に配信する。

例えば、低コレステロールのマヨネーズの拡販を狙いたいという要望を受けた場合は、ダイエット中でも気にせずに使えることを訴求する記事広告を制作して、配信するといった具合だ。スーパーから見れば、自社で

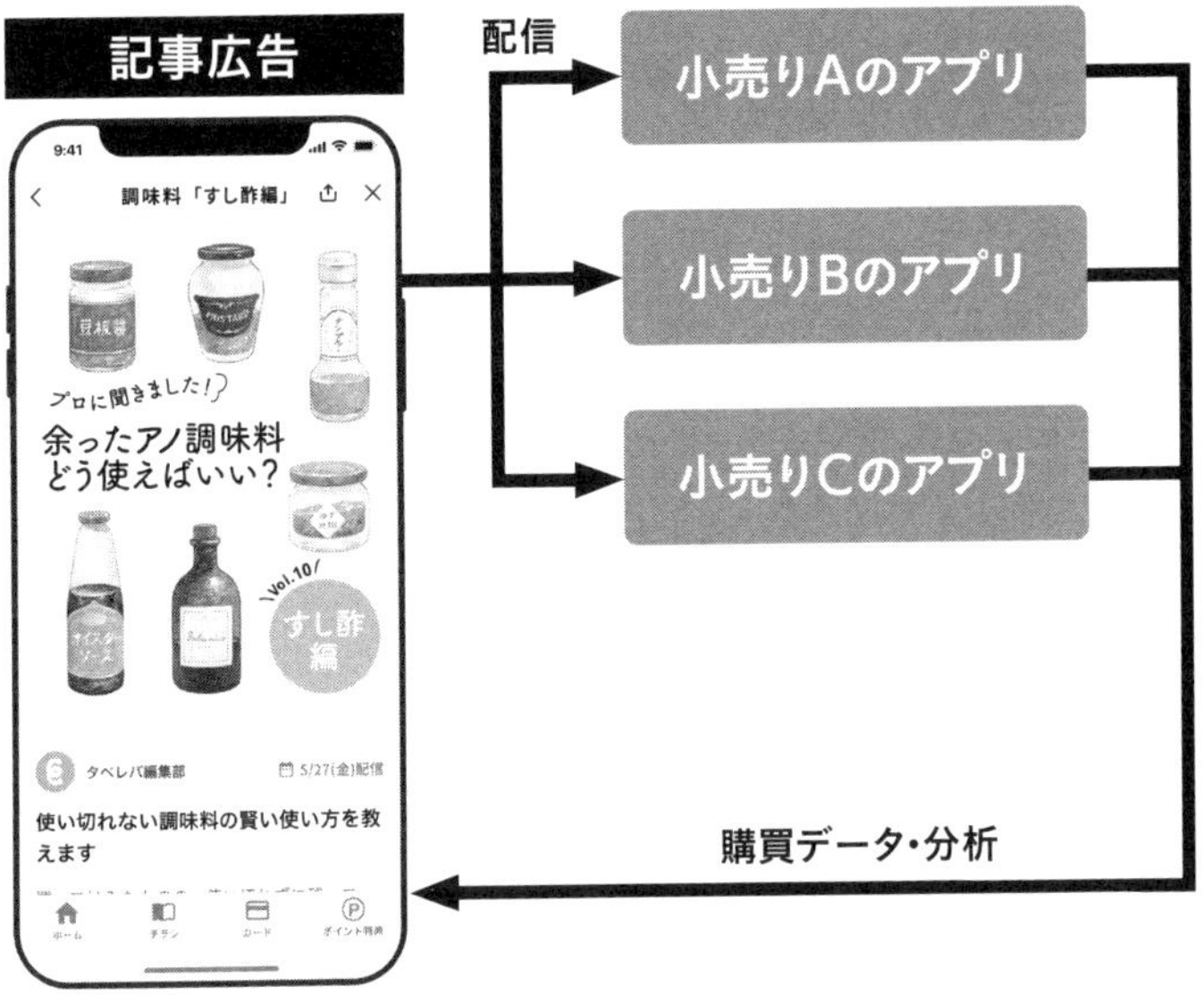

D&SソリューションズはSaaSで支援する複数の小売企業のアプリに、メーカーの記事広告を横断的に配信するサービスを提供。購買データでその効果を検証できる

扱う商品の販促を目的とした記事が無料で配信されてくるため、アプリのコンテンツ強化につながるメリットがある。

記事広告は、出稿主であるメーカーのマーケティング課題に合わせて、すべてD&Sソリューションズがオーダーメードで制作する。バナー広告などと比べて、制作するのには手間がかかるが、記事広告にこだわった理由をD&Sソリューションズはこう説明する。「配信対象者が限られる中で、広告接触者の購入率を劇的に上げるには、よりリッチな情報を提供する編集タイアップしか手段はないというのが我々の判断だ」。

広告効果が出せなければ、継続的な出稿は望めない。そのため、手間をかけてでもリテールメディアの有用性を広告主に実感してもらうことを優先した。

小売りのビーコンのネットワーク化で広告配信

一方、ビーコンを活用したリテールメディアの広告ネットワークを構築しているのが、unerryだ。同社が展開するBeacon Bank ADは、世の中に設置されたものの、有効活用されていなかったビーコンをネットワーク化。ビーコン通信した際に、連係するアプリに広告を配信できる仕組みを提供する。このビーコンを設置した小売事業者に、プッシュ通知などで横断的に広告を配信できる。

もう一歩踏み込んだ取り組みとして、小売企業12社とは、購買データと人流データを掛け合わせた分析や広告配信をできる仕組みを開発している。購買データや移動データを基に広告を配信できる他、広告の接触者が来店してビーコンと通信することで来店検知ができる。さらに、購買データと連係することで、購入につながったかどうかまで分かる。これは一般的なリテールメディアの取り組みと同様だ。

さらにunerryがここ最近、力を入れているのがテレビ局との連携だ。テレビ局、小売り、unerryの3社

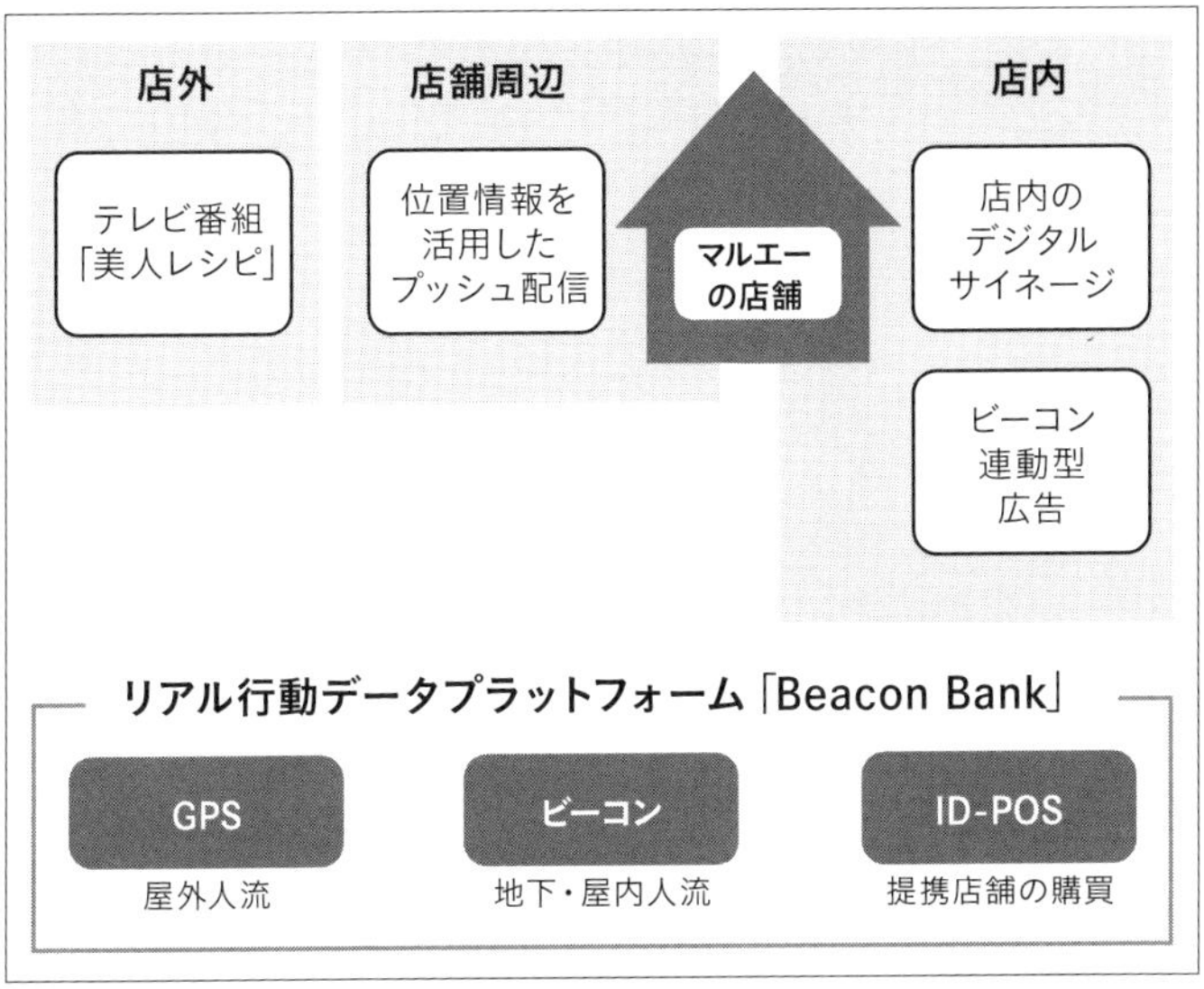

位置情報ベンチャーのunerryはテレビ番組と店舗を連動させた企画開発に力を注ぐ。その企画の裏側で広告配信や効果測定の技術を提供する

でテレビ番組での商品訴求から、番組と連動した棚の設置、そしてビーコンを活用した広告配信を連係させる仕組みだ。その一例として、石川県を中心に放送する北陸朝日放送（金沢市）、同じく石川県を中心にスーパーをチェーン展開するマルエー（石川県白山市）との取り組みが挙げられる。

具体的には北陸朝日放送で毎週水曜日の午前9時55分〜10時に放送している、料理番組「美人レシピ」内で紹介した商品の動画を、マルエーの売り場でもデジタルサイネージで放送する。さらに、unerryが持つ人流分析の技術を用いて、テレビ番組を閲覧した層がマルエーの店舗に来店したことを検知し、ビーコンを通じて広告を配信する。unerryが持つ技術によって裏側を支えることで、テレビ番組での接触から購買まで一貫して分析可能なサービスを提供している。

「米国ではリテールメディアの配信メディアとして、『コネクテッドテレビ（ネットに接続されたテレビ）』が3番目に大きな市場になっている。今後、テレビの活用もリテールメディアの潮流の中で重要になる」とunerryの内山氏は見通す。テレビを活用した認知フェーズから、実来店後の購買フェーズまで、マーケティングファネル全体をリテールメディアで支援するべく、テレビ連動企画の開発を急ぐ。すでに3つの地域で、北陸朝日と同様の施策を実施できる状況になっているという。

とはいえ、ネットワーク型の広告は広告費が複数の小売りに分散するため、小売りが自社で開発した独自の広告商品を販売するよりも収益性は劣る。リテールメディアも多くのネットメディアと同様に、独自の広告商品とネットワーク型広告を組み合わせて収益性を高めることが現実的だろう。リテールメディアとRMNの市場が拡大するにつれて、その比率の最適解などが徐々に判明してくるはずだ。

グーグルに学ぶリテールメディア開発法

グーグルもリテールメディアの開発支援に力を入れ始めている。これまで自社の事業で培ってきた広告事業に適したデータ基盤などのインフラと、YouTubeをはじめとする広告配信面の両方を一貫して支援できる強みがある。すでにドラッグストア大手のマツキヨココカラ&カンパニーや、スーパー大手のイオンリテールなどのリテールメディアを開発した実績も出ている。

リテールメディアの本質は小売りの持つデータを活用した、新たなデジタル広告のプラットフォームの構築だ。そのために必要な要素は広告配信に適したデータを蓄積し、分析する「データ基盤」、そのデータを基に「広告を配信する仕組み」「広告の配信先となるデジタル上の消費者接点」となる。

グーグルは検索サービスや動画サービスなど、さまざまなサービスから得られる膨大な利用データを解析し、それを基に多様な広告ソリューションを開発してきた。つまり、リテールメディアの開発に必要なデータ基盤や配信面、広告事業開発のノウハウはすでにそろっているといえる。「リテールメディアに特化したサービスを開発せずとも、今あるツールやノウハウを組み合わせることで、小売企業に満足してもらえる支援サービスを提供できる」とグーグルの川合純一マネジングディレクターは強みを語る。

リテールメディアの構築・運用には、5つの手順をたどる必要がある。まずは、CDPを設置し、そこに購買データなどを収集する。次に、そのデータを分析し、配信したい層のグループ（セグメント）をつくる。そして、そのセグメントに対して広告を配信し、その効果を小売企業の持つ購買データを用いて計測するという流れになる。

グーグルがリテールメディアを支援するうえでの強みは、この5つの手順をすべて自社の既存のサービスで賄える点にある。まず、データ基盤だ。グーグルのクラウドサービスである「GCP（グーグル・クラウド・プラットフォーム）」では、データ基盤の整備から、AIを活用したデータの機械学習、そしてアプリケーションの開発・管理まで、さまざまなサービスが提供されている。

グーグルが実際に支援した1社が、イオンリテールだ。同社は従来、他社のデータ基盤に購買データなどを蓄積していたものの、データ量が膨大なため、分析などに時間がかかり活用法は限定的だったという。

そこで、リテールメディア開発に先駆け、データ基盤をGCPに移行した。これによりデータの処理を高速

リテールメディアをつくる5ステップ

①CDPの設置

↓

②CDPへのデータ収集

↓

③顧客セグメント

↓

④広告の配信

↓

⑤効果計測

リテールメディアの構築・運用には、5つの手順をたどる必要がある

化し、自社でのマーケティングへの活用がしやすくなった。このデータ基盤を用いた分析結果を基にリテールメディアのＡＥＯＮ ＡＤを構築した。

データ基盤に加え、グーグルの真骨頂ともいえるのが、広告配信の仕組みづくりだ。より成果につながる広告サービスの開発には、広告主の目的に沿った配信対象層を抽出し、効果が高い広告配信面などに広告予算を自動的に最適化していくＡＩをつかさどるアルゴリズムが重要になる。

このアルゴリズムの開発はグーグルにとってはお手の物だ。「グーグルの広告配信のアルゴリズムは業種によらないユニバーサルな仕組みだ。ＲＯＡＳなど、入力された成果に対して自動的に効果が高まる

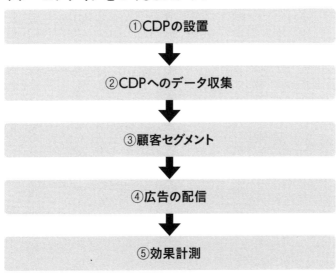

ように最適化される」(川合氏)。ここに、来店計測技術や購買データを組み込むことで、より実店舗への来店や購買に結び付けられるように最適化可能なアルゴリズムが開発できる。

このようなグーグルならではのアルゴリズム開発という強みを用いて、広告を配信する。その方法は、2通りある。1つ目は、アプリやサイトといった小売りのオウンドメディアへの配信だ。ここには「Google アド マネージャー」という広告配信管理プラットフォームが活用できる。リテールメディアにおけるオウンドメディアは、出版社などが持つメディアサイトと同じ位置付けだ。利用者、広告枠、配信する広告を適切に管理し、収益を最大化するというメディア向けのサービスをリテールメディアに応用し、効率的な広告配信で収益化を支援する。

2つ目は、外部メディアへの配信だ。「リテールメディアに取り組む企業には購買データが蓄積されている一方で、広告配信面となるメディアの規模が不足する傾向がある」とグーグルのリテール業界担当インダストリーヘッドの木村直樹氏は指摘する。そして、こう続ける。「その規模を取りにいけるという点が、グーグルとして最も貢献できるポイントだ」。

具体的には、小売りの持つデータと連係して、YouTubeや広告ネットワークなど、グーグルが持つ広告配信面に広告を配信できるようにする。小売りの自社メディア以外で広告を配信する場合には、顧客の購買データなどがひも付いたIDを、セキュアな環境で広告プラットフォームにアップロードする。そうしたデータ連係も、グーグルのデータ基盤を活用していればよりスムーズだ。

例えば、広告主がリテールメディアを活用して、自社の商品を購買していない層を対象に広告を配信して新規顧客を獲得しようとしたとする。そうした層に、まずはYouTubeでより情報量の多い動画広告を配信して、商品の認知を獲得する。次に、小売りの持つオウンドメディアに対して割引クーポンを広告として配信し、購買を促すといった連係もしやすくなる。「購買データを用いて、認知拡大まで担える広告サービスへと引き上げられる点に、グーグルの支援会社としての強みはある」（木村氏）。

さらに、「DV360（ディスプレー&ビデオ360）」というグーグルが提供する広告配信プラットフォームを使うと、小売りの自社メディアへの広告配信と、それ以外のメディアでの広告配信をすべて同じシステム上で管理することができる。複数のメディアで広告を配信する場合は管理する手間がかかるが、これによって統合的な効果計測ができる。

米国ではなく、日本市場に即した支援方法とは

このように、グーグルは広告ソリューションビジネスで培ってきた資産を用いて、データ基盤の構築から、広告配信による収益化まで一気通貫のリテールメディア支援を行っている。

こうした外部メディアへの配信を組み合わせた支援サービスは、日本市場に即したものだ。というのも、リテールメディアは、実店舗型でもECが大きなシェアを占める。例えば、米大手スーパーのウォルマートは自社のECサイトを強化しており、サイト上で検索された商品カテゴリーなどのキーワードに連動して広告が掲載される、検索連動型広告などが収益の柱の1つになっている。

一方、日本は、実店舗を持つ小売りによる自社ECサイトの普及が、米国に比べて遅れている。新型コロナウイルス感染症が拡大する中、ようやくネットスーパー市場が本格化し始めたのはその象徴だろう。「そのため日本の小売企業のリテールメディアを支援する際は、アプリへのID収集と、IDにひも付けられてデータを活用して、外部メディアで収益化することから始める必要があった」(木村氏)。このように、グーグルはそれぞれの経済圏の状況に合わせて、広告ソリューションを提供している。

グーグルが最初にマツキヨを支援した理由

グーグルが最初にリテールメディアの開発を支援した小売企業は、マツキヨココカラ&カンパニーだ。データの価値をいち早く見抜き、購買データなどの自社データ、すなわち「ファースト・パーティー・データ」をしっかりとためていたことが開発するうえで重要だったという。

リテールメディア構築をするうえで最初に必要になるのが、顧客の購買・行動といったデータだ。マツキヨは他社に先駆け、プラスチックのポイントカードをアプリでデジタル化し、スムーズに顧客データを蓄積できる体制へと切り替えた。そのため、消費者の特性と購買傾向をひも付けたデータがきちんと蓄積されていたという。

「グーグルとしてはファースト・パーティー・データの価値を理解した企業と一緒に組んでいこうという方針があった」と木村氏は説明する。

「メーカーとの取引の中で小売企業が無料でデータを公開したり、渡したりするケースは多々ある。だが、小売企業がデータを加工せずにそのまま提供するのはもったいない。データの価値を理解し、小売りの武器として付加価値を高めて提供しなければならない」と木村氏は強調する。木村氏によれば、マツキヨは自社のファースト・パーティー・データを安易に公開することは断固としてしなかったという。

小売りの持つ「購買データ」は、グーグルはもちろん、その他のデジタル広告のプラットフォーマーが持たない非常に価値の高いデータだ。その価値を改めて理解したうえで、その価値を最大限に引き出し、広告サービスとして提供することが、より魅力的な広告サービスの開発につながる。「データの安売り」はしない。そうした発想が収益化には不可欠になるのだ。

第8章

リテールメディアに見る小売りの未来

小売りに起こる5つの大きな変化

本書でこれまで述べてきた通り、リテールメディアには小売りの事業を変革するさまざまな可能性がある。本章では、リテールメディアの市場拡大によって小売事業にどのような変化が起こり得るのかを考えてみたい。

「顧客理解の大幅な進化」が起こる

まず、小売りに訪れる最大の変化は「顧客理解の大幅な進化」だ。リテールメディアは広告を表示して収益を得ることが最優先されるべきではない。顧客が価値を感じられる小売り発の媒体として成長して、初めて広告収益が発生するものである。そのため顧客に合わせて、リテールメディア上でどうコミュニケーションをするかがもっとも重要になってくる。これこそがリテールメディアの本質である。

小売企業はリテールメディアの開発に付随して、顧客のオフライン、オンラインでの行動や購買データを収集・分析できるようになる。さらに、広告主のマーケティング活動を通じて、広告に対する反応なども小売企業はデータで蓄積できるようになる。そうしてデータ量が増加すれば、今までとは全く違う次元の高い解像度で顧客を理解できるようになる可能性がある。

顧客理解の解像度が高まると、より科学的なアプローチが可能になる。例えば、ワインをよく買う層には、ワインにまつわるコンテンツをリテールメディアを通じて配信して、好みの商品を見つけてもらうことができる。ワイン好きの顧客限定で、定期的にソムリエによる講習会などを企画し、優先的に案内してもいいかもしれない。

子どものお弁当のバリエーションに困っている顧客には、簡単につくれるレシピを配信してもいいだろう。日常の買い物をする小売りの場合、人によって興味がある商品やカテゴリーはさまざまだ。だが、店頭の場合はなるべく多くの来店客のニーズを満たす必要があるため、どうしても最大公約数的な商品展開や情報発信にならざるを得ない。リテールメディアであればデータを基に顧客ごとに異なるコンテンツを配信することも容易だ。

未購入、購入済み、デジタルチラシの閲覧の有無など購買の前後の行動も把握できるようになれば、チラシの閲覧から購入につながった件数も分かるようになる。特定商品の購入済み顧客と未購入顧客が、それぞれ、その商品とどのような接点を持っているかを分析したり、特定商品のヘビーユーザー、ライトユーザー、未購入者をデータで詳しく分析したりすることもできる。

つまり、調査会社の一部の機能をリテールメディアが持つことができる可能性を秘めているともいえる。オンライン広告と同様に広告クリエイティブのA／Bテストなども実施できるため、広告クリエイティブと小売企業の店頭での販売数の相関までもが追えるようになる。こうなると、もはやポイントやクーポンといったこれまでの販促手法にはとどまらなくなる。

ここまで詳しく顧客のことが分かるようになると、今度は、どのコミュニケーション施策がその顧客に好意的な反応をもたらすのかに広告主の興味が移っていく。つまり、クリエイティブの方法論に回帰していくのだ。これまで紹介した事例にもあったが、顧客層に合わせて商品の良さを適切に伝えることができれば、クーポンなど本来であれば不要だった値引き策をすることなく売り上げを増やすことができるかもしれない。リテールメディアの仕組みとして詳細な検証ができれば、これまで分からなかった事実が分かるようになる。

念頭に置くべきは「その施策を実施したときに、顧客は買いたくなるか」という問いかけだ。ポイント販促が分かりやすい。特定の商品購買時に通常より10ポイント高く付与すれば、消費者は買いたくなるのだろうか。もしそれで買いたくならないと想像できるのであれば、その施策は適切ではないのだ。単に付与率を上げればいいというわけではない。どうすれば買いたくなるのか、顧客の買いたい気持ちをつくるために、さまざまな仕掛け、仕組みが必要になってくる。従来は勘と経験で実行してきたであろう施策の数々を、データに基づき科学的に実行する体制づくりが必須になる。

また、顧客の理解が進むことで、「双方向のコミュニケーション」が可能になる。従来の小売りのコミュニケーションの多くは、企業から顧客への一方的な情報発信だった。一般的な販促施策では企業側で決めたタイミングで、決まった内容の情報をチラシやメールマガジンなどで伝える。顧客の声を中心としたマーケティングを実現できている企業は少ないだろう。しかしながら、リテールメディアの登場により、小売企業は顧客と店頭以外でも、接点を持てるようになった。この機会を最大化することで、新たな顧客との関係が築けるのではないだろうか。

例えば、コミュニティーを築くのは1つの手段だ。そうした手法はSPA（製造小売業）が主に得意としてきた施策だ。良品計画が顧客の声を基にした商品開発で、ヒット商品を数多く生み出したことはよく知られている。そうした顧客参加型で商品ラインアップなどを改善する、顧客中心のマーケティングにもリテールメディアは活用できる可能性がある。

双方向のコミュニケーションは何も顧客からコメントやアンケートを取得するだけではない。商品に対して「いいね」などのボタンを押してもらうだけでも、顧客の反応を小売りが受け取る重要な手段になる。リテールメディアでは、設計次第で顧客からさまざまな反応を得られる。アプリなどの特定の機能を高頻度で使っているという事実すらも、広義では顧客理解を進めるコミュニケーションの1つといえる。その顧客の反応をベースに、どのようにサービスに生かしていくかという発想へと小売りも変わることができる。

受注生産のような形で、リテールメディア上から注文ができる予約型商品もできるかもしれない。気になる調味料のサンプルを、リテールメディア上から注文できるようにするといったマーケティング施策も可能だろう。店頭では人手不足などで実現することが難しかった広告や販促施策を、リテールメディアというデジタルの世界観の中で実現することが可能になる。より柔軟な全く新しい売り方のアイデアを具現化できるようになるのだ。

小売りとメーカーとの関係が変わる

リテールメディアを持つ小売企業とメーカーの関係性にも、大きな変化をもたらす。これまでの小売りとメーカーは商品を販売するだけの取引関係にとどまることが多かった。それが、「パートナー」へと変わっていくのだ。

リテールメディアを運営するうえで小売企業に必要になってくるのは、豊富なコンテンツだ。商品・ブランド、商品カテゴリーについては、小売企業よりも何十年もそのカテゴリーの商品を開発してきたメーカーのほうが詳しい。そのメーカーが持つ情報をリテールメディアにコンテンツとして配信することで、顧客の購入率を高められるはずだ。メーカーと共同でコンテンツをつくることで、より適切に顧客とコミュニケーションできるようになる。

例えば、普段からよくカレーのルーを購入している層に、新たな商品を訴求しようと考えた場合、メーカーの持つさまざまな情報を基に、ルーに使われているスパイスの紹介や他のスパイスとの違いを丁寧に説明することで、興味を持ってもらえる確率も上がっていく。様々な種類が販売されているものの、顧客がそれほど試したことはないという商品カテゴリーは多い。小売りがコンテンツ制作に投資するという発想もあるかもしれないが、餅は餅屋。メーカーがコンテンツを提供するという共同作業が、リテールメディアでは重要な要素になってくるのだ。

リテールメディアの成果指標では、目線が直接的な購買率からLTVへと長期的な指標で計測する傾向に変化しつつある。顧客ごとにコンテンツとの接触効果を計測できるようになり、ブランドの顧客を長期的に育成できる環境が整えば、小売りとメーカーが協力してマーケティングをする意味が強まる。

リテールメディアの広告を出稿するという関係はまだ入り口にすぎない。顧客との関係をどのように築いていくのかを小売りとメーカーが共に実現していくことで、リテールメディアをより進化させることができる。

そうした取り組みが進むことで、小売り側のブランドへの理解も深まるだろう。そのきっかけはメーカーから得られる収益である。メーカーとしても広告、あるいはマーケティングに費用を投じる以上は、成果につながる工夫を小売り側に要求することになる。小売りは広告費に見合った成果をメーカーに提供するために、ブランド側のマーケティングの意向を理解する必要がある。

分かりやすいのは検証項目などだろう。小売りはリテールメディアへの対価と引き替えに、メーカーが知りたい顧客層の分析やマーケティングの効果を説明できるようにならなくてはならない。これを繰り返すうちに、小売りもブランドマーケティングの理解が深まっていく。

この段階になると、メーカーと小売りの取り組みはもう一段階進化する。もともと小売りは売り場を持っていて、直接顧客とつながっているというアドバンテージがある。その強みをどのように発展すれば、メーカーにとってもより高い価値を提供できるかを両社で協議できる土壌が整うのだ。

これを海外では「小売りとメーカーの力関係が変化し、ブランドが強くなった」と説明する傾向もあるが、むしろ両社の関係がもっと深い次元で密接になったと考えるほうが自然なのではないだろうか。メーカーにとって、自分たちのやりたいことを理解し、共同マーケティングに取り組んでくれる小売りは、これ以上にない最高のパートナーになるだろう。

小売りの事業構造が大きく変化する

売り方やメーカーとの関係性は、リテールメディア事業の拡大時期に起こる変化だ。リテールメディア市場が広がり、収益が拡大することで、やがて「小売りの事業構造」にも大きな変化が訪れることになる。

これまでも大手小売りは、小売事業と相性のいい事業をポートフォリオに組み込んで成長を続けてきた。金融事業はその象徴。イオンのイオンクレジットカード、セブン&アイ・ホールディングスのセブン銀行は代表例だ。海外でも大手小売りグループは金融事業を古くから行ってきており、小売事業の低い収益性をカバーしてきた歴史がある。

これと同様に、今度は広告事業が小売企業のポートフォリオの1つになっていく。第1章で述べたように、米ウォルマートは数年後には広告事業の利益が本業である小売事業の利益を追い越すだろうと経営幹部が予測している。

小売りにとってリテールメディアという広告事業は、従来の事業と比較して大幅に利益率の高い収益源になる。米アマゾン・ドット・コムやウォルマートはこの高い利益率の事業で得た収益を、本業である小売事業をさらに成長させるために投資する。

広告事業で得た収益を小売事業に投資することで、より積極的な価格戦略や、物流への投資がさらに強化できる。小売業の体験価値が高まることで、顧客満足度が上がり、さらなる顧客獲得につながりリテールメディアの価値も高まるという、エコシステムを構築できる。一方、リテールメディアを持たない小売企業は小売事業で利益を出し続ける必要がある。これでは既存事業への大きな投資もしづらい。そもそも収益構造が全く異なるため、低利益率の従来型の小売業にとどまる企業と比較するとビジネスモデルの構造上、有利になる。これから先も小売事業で勝ち続けるためには、小売事業ではないところでいかに収益を出すかが重要になってくるのだ。

小売事業とリテールメディアの関係性は、アマゾンにおける小売事業とアマゾン・ウェブ・サービス（AWS）事業に似ている。アマゾンは長らく小売業で利益を出さず、莫大な投資を続けてきた。小売企業の競合他社と差別化を図るための継続的な投資であり、現状に至るまで他の追随を許していない。その投資の源泉はAWS事業だ。小売りに付随するシステムの第三者提供という強力な収益源を武器に、小売事業に投資する戦略は新世代の小売企業であるアマゾンの企業戦略として極めてまっとうな選択だった。

米国の大手小売企業は、まさしくアマゾンにおけるＡＷＳ事業と同様の発想でリテールメディアに取り組もうとしているのだ。その一方で、アマゾンも広告事業がＡＷＳ事業に続く第三の柱として収益を拡大させることで、さらなる小売業への投資を加速させている。

広告事業拡大で小売業の組織も変化

広告事業の拡大に伴い、小売企業の収益構造が変わると、それにしたがって組織も変わってくる。もっとも分かりやすいのは開発組織の強化だろう。広告配信システムの開発、メディアの開発、データ分析、データマネジメント、店舗へのシステムの組み込みなど、リテールメディアに付随して開発者が活躍できる領域は多岐にわたる。しかもそれぞれ異なるノウハウを要求されるので、一人の開発者がすべての領域をカバーできるわけではない。そうなると、必要となる開発者の組織の規模も拡大していくことになる。

クリエイティブ人材も小売りの組織に組み込まれていく可能性がある。例えば、編集機能の内製化だ。リテールメディアとは単なる広告媒体ではなく、顧客に情報を届けるメディア事業そのものであるべきだ。読者にとって興味が薄い広告だらけで構成されるメディアは、利用したいとは思ってもらえない。コンテンツ制作という観点から、編集機能を社内に持ち、顧客に情報を届ける体制を持つ小売企業が現れても不思議ではない。

そして、広告主獲得のための営業部門もつくられるだろう。分かりやすくいえば広告代理店機能の内製化である。これまでの小売りとメーカーの接点といえば、商品部と営業企画部が中心だった。この2つの組織は広告商品の販売経験があまりない。特にデジタル広告の販売に関してはまず経験を持たないだろう。この機能を担えるのは、メディア企業の広告媒体の営業担当や、広告代理店の経験者だ。そうした、小売りとは縁遠かったスキルを持つ人材が、リテールメディア時代の小売りには必要とされるようになる。

小売企業の事業の多角化が加速

広告事業で成功し、開発体制が強化された企業は新たな事業開発への投資も可能になる。例えば、システム、金融、物流の領域の強化に開発者のリソースを投下しやすくなる。さらにロボティクス、フードテックなど関連する領域でのサービス開発も検討の余地が出る。エンジニアリングの領域で成功した小売業には、事業のさらなる多角化を目指す未来が待っている。

その象徴がアマゾンだ。2022年のアマゾンの売上高のうち広告事業は377億ドル（約5兆6000億円）で、AWS事業の801億ドル（約12兆円）に迫りつつある。22年の総売上高の5140億ドル（約77兆円）に占める広告事業の割合が7・5%、AWS事業は15・6%、サブスクリプション事業は6・8%、マーケットプレイス事業は22・8%で、合計すると過半を超える。すでに小売事業以外の売上構成比が高くなっているのだ。自社の強みを磨き込んでプラットフォームとして他社に提供することで、利益率の高い仕組みをつくり上げている。

ウォルマートも21年8月に「Walmart Go Local（ウォルマート・ゴー・ローカル）」という物流サービスを他の小売企業に提供すると発表し、米ホームセンター大手のホーム・デポとの提携を発表している。これが成功すれば広告事業に加えて、物流が新たな収益の柱に成長する可能性もある。

このように、小売り機能の自社の強みをプラットフォームとして外部企業に提供するサービスはRaaS（リテール・アズ・ア・サービス）と呼ばれている。19年には米クローガーが米マイクロソフトと組んでデジタル商品棚を開発し、他の小売企業にRaaSとして提供することを発表している。

国内でもそうした取り組みは登場している。先駆けがトライアルHDだ。同社はタブレット付きのショッピングカートを丸久（山口県防府市）など、他のスーパーに提供し始めている。

従来、小売り同士の連携は資本関係を中心とした統合や提携が多かったが、これからは資本関係になく、サービスの提供というケースも増えていくだろう。広告、システム、金融、商品という分野での連携は、一層可能性として広がっている。

小売業同士の関係が変わる兆しは、すでに現れている。首都圏のスーパーマーケットであるサミット、マルエツ、ヤオコー、ライフコーポレーションの4社は、「2024年問題」をはじめとする物流危機の回避のため提携を発表。地域の生活を支える社会インフラとしての責務を継続して果たす目的として、物流分野を各企業間の競争領域ではなく協力領域と捉え、各社の協力によって物流効率化を模索する「首都圏SM物流研究会」を発足した。この取り組みはRaaSではないが、自社単体でできない領域において合理的な提携はこれからも増えていく可能性は高い。

リテールメディアをはじめとする広告事業、システム、金融、物流の領域、ロボティクスやフードテックまでを見据えると、さまざまな企業とパートナーシップを組むという選択肢が見えてくる。小売りは生活のインフラとなっており、その顧客数や購買数は周辺の産業からみても魅力的なものである。周辺領域において、小売りとシームレスにサービスが統合していくことで、顧客体験をよりよいものに組み替えていく世界が実現していくことだろう。リテールメディア市場の拡大の先には、そんな未来が小売企業を待っているのかもしれない。

おわりに

「リテールメディア」は小売りにとって、とても大きな変革の機会だ。しかも、手本となる米国の先人たちの事例も豊富にある。しかしながら、米国と日本では小売業界としての前提条件が大きく異なる。その前提条件を深く理解し、対策をすることで、日本での取り組みが進むことだろう。

筆者は世にリテールメディアという言葉が誕生する前から10年以上にわたって、Webサイトやスマートフォン向けアプリを中心に、累計30社を超える小売企業のメディア開発を支援してきた。それらのメディアに配信するコンテンツをつくるうえでは、メーカーなどに商品のこだわりなどを徹底的に取材してきた。

その取り組みを通じて、日本全国の小売り、メーカーのすばらしいものづくりへのこだわりを知ることになった。できるだけいい商品を、できるだけお買い得な価格で提供したい。多くの人の思いが、小売りを１３０兆円を超える大きな産業に育ててきたのだろう。

とりわけメーカーの開発者は顧客の生活課題に真剣に向き合っており、いかに高品質な商品を買いやすい価格で提供するかという工夫に頭をひねらせていた。その工夫はもはや「愛」とまで呼べるこだわりで、感銘を受けることが多かった。

しかしながら、その愛は消費者に届くまでの商流を経て、伝わりにくくなっていく。メーカーの営業担当者の目標は売り上げと利益の最大化であり、その商品の愛を伝えることだけが仕事ではない。そして小売りのバイヤーの目標は担当カテゴリーの売り上げと利益であり、特定の商品・ブランドだけを優遇することは難しい。そして消費者にとって、購入する店舗ですら選択肢の1つに過ぎない。

これが、メーカーが商品・ブランドに込めた愛がサプライチェーンを経るごとに減衰していく構造だ。筆者はこれを「愛の減衰モデル」と呼んでいる。リテールメディアを通じて、メーカーの商品・ブランドに対する愛を、消費者にダイレクトに伝えられる場になるのではないかと考えている。

本書でも取り上げたように、商品・ブランドの愛を漫画などのコンテンツで分かりやすく説明すると、大きく売り上げ増加に貢献するような事例も登場している。これまで筆者が取り組んできた経験から、この手法はプライベートブランド、ナショナルブランドを問わず通用する。リテールメディアは商品・ブランドの価値を減衰することなく、消費者に直接届ける方法論でもあるのだ。

リテールメディアの取り組みの本質は広告ではない。顧客コミュニケーションが変化し、取引先との関係が変化することにある。顧客の情報収集の方法がスマートフォンを中心としたデジタル環境になるのと合わせて、デジタルを活用した顧客コミュニケーションを実現するための手段も、技術進歩により導入のハードルが下がった。小売企業が変革できる機会と条件がようやく整ったのだ。

テクノロジーを使いこなしはじめた小売りは、これまでとは異なる進化を遂げるだろう。小売りは「変化対応業」である。だからこそ、本書がこれからの小売業界にとって、変化の羅針盤の1つになってほしいと考えている。

リテールメディアは市場が立ち上がったばかりだからこそ、日々の葛藤の中から生まれた取り組みを含め、日本の代表的な取り組みをご紹介するという本書において、これからのリテールメディアについて考察を、と機会を与えてくださった日経BPの中村勇介副編集長と、大学時代からの友人であり広報の専門家でもあり、常に事業にも人生にもターニングポイントにいて支えてくれたcollabo代表である徳田匡志さん、そして、このきっかけとなった「情報卸」というリテールメディアの事業を一緒に始めて、ついてきてくれた仲間たちには心から感謝を伝えたい。

２０２３年10月に筆者は、何の因果かセブン＆アイ・ホールディングスに出戻りを果たした。そんな私を温かく迎え入れてくれたイトーヨーカ堂、イトーヨーカドーネットスーパー、そしてセブン＆アイ・ホールディングスの仲間たちにも謝意を示したい。

そして、今日に至るまでのたくさんの道のりをご一緒してくれた小売り、卸、メーカー、テクノロジー企業、広告会社の仲間たちがいなければ、この機会はなかったことだと思う。前例のない挑戦にもかかわらず応援してくださった皆様に感謝の言葉以外に出てくるものがない。

そして小売りの素晴らしさ、日本のものづくりの素晴らしさを熱く語り、私の人生を変えてくれた師匠である故・藤巻幸夫さんと、そのきっかけをくれた元上司であり、デジタルシフトウェーブの代表である鈴木康弘社長にも感謝を伝えたい。２人から受けた影響はとても大きく、私の人生にとって大きな道標となっている。

そしてＩＴ小売りとしての手本である、ホームセンターチェーンのカインズの代表取締役会長である土屋裕雅さんには本書に推薦文を寄せていただいた。日頃から尊敬する方に帯を書いていただけるなど、これほどにうれしいことはない。改めて感謝をお伝えしたい。そして最後に、私を育ててくれた両親と、いつも無謀な挑戦を笑って応援してくれる妻に、心から最大の感謝を伝えたい。

「リテールメディアは小売りの未来の可能性そのものだ」と信じて疑わない。本書がリテールメディアに携わる方々の一助となり、まだスタートしたばかりの日本のリテールメディアの発展へとつながればこれほどうれしいことはない。

２０２３年10月吉日　望月洋志

著者略歴

望月洋志　（もちづき ひろし）

セブン＆アイ・ホールディングス グループ商品戦略本部 ネットサービス開発
シニアオフィサー兼イトーヨーカドーネットスーパー オペレーション本部 副本部長

セブンネットショッピングにてイトーヨーカドーのネットスーパーとネット通販の立ち上げに従事。その後、博報堂プロダクツに入社し、大手流通グループのデジタルマーケティング支援や博報堂プロダクツのデータ分析組織の立ち上げ、スーパーマーケット向けのアプリ開発の社内ベンチャーの設立に携わる。食品卸の日本アクセスに入社し、リテールDXの新規事業を担当。IT子会社のD&Sソリューションズの取締役共同CEOとしてリテールメディアのプラットフォーム事業を立ち上げた。2023年10月1日より現職。

中村勇介　（なかむら ゆうすけ）

日経クロストレンド　副編集長

『日経ネットマーケティング』を経て、『日経デジタルマーケティング』編集に在籍。特集「日本交通はグーグルになれるか」「電通不祥事はパンドラの箱か」など、イノベーションの先端企業やネット広告業界の課題点を示す特集の執筆を手掛けた。『日経トレンディネット』編集を経て、2018年2月から『日経クロストレンド』編集に所属。22年4月より現職。デジタル広告の新市場、デジタル技術を活用したサービス開発やマーケティング活用の先進事例など、マーケティングDX領域を中心に執筆・編集を担当。

日経クロストレンド

「マーケティングがわかる　消費が見える」を編集コンセプトとするオンラインビジネスメディア。顧客相手のビジネスを展開している限り、携わるすべての人が「マーケター」です。顧客に寄り添い、課題を解決するヒントを探るべく、日経クロストレンドではマーケターのためのデジタル戦略、消費者分析、未来予測など、多彩なテーマの記事を平日毎日お届けします。また、第一線で活躍するマーケターを招いた各種セミナーイベントも定期的に開催。あらゆるマーケティング活動やイノベーション活動を支援します。
https://xtrend.nikkei.com/

小売り広告の新市場
リテールメディア

2023年11月20日　第1版第1刷発行
2023年12月8日　第1版第2刷発行

著　者　望月洋志
　　　　中村勇介（日経クロストレンド）
発行者　佐藤央明
編　集　中村勇介（日経クロストレンド）
発　行　株式会社日経BP
発　売　株式会社日経BPマーケティング
　　　　〒105-8308　東京都港区虎ノ門4-3-12
　　　　https://bookplus.nikkei.com/
装　丁　小口翔平+畑中 茜（tobufune）
制　作　關根和彦（QuomodoDESIGN）
印刷・製本　大日本印刷株式会社

ISBN978-4-296-20385-7
Printed in Japan

©Hiroshi Mochizuki, Nikkei Business Publications,Inc.2023

本書の無断複写・複製（コピー等）は著作権法の例外を除き、禁じられています。購入者以外の第三者による電子データ化および電子書籍化は、私的使用を含めて一切認められておりません。本書籍に関するお問い合わせ、ご連絡は下記にて承ります。
https://nkbp.jp/booksQA